500만 독자 여러분께
감사드립니다!

세상이 아무리 바쁘게 돌아가더라도
책까지 아무렇게나 빨리 만들 수는 없습니다.

길벗은 독자 여러분이
가장 쉽게, 가장 빨리 배울 수 있는 책을
한 권 한 권 정성을 다해 만들겠습니다.

독자의 1초를 아껴주는
정성을 만나보세요.

미리 책을 읽고 따라해 본 2만 베타테스터 여러분과
무따기 체험단, 길벗스쿨 엄마 2% 기획단,
시나공 평가단, 토익 배틀, 대학생 기자단까지!
믿을 수 있는 책을 함께 만들어주신
독자 여러분께 감사드립니다.

KB072481

틱톡커를 꿈꾸는 여러분께
'틱톡으로 돈 벌기'를 강력 추천합니다!

'틱톡으로 돈 벌기'에는 틱톡 초보부터 시작해 틱톡 패션 대표 크리에이터로 성공한 쥬니의 생생한 경험담이 담겨있습니다. 이제 막 틱톡을 시작하는 분들에게 매우 친절한 지침서가 되어 줄 거예요. 쥬니와 함께 틱톡커로 성장해 보세요.

유튜브 크리에이터, **허팝**

누구나 틱톡을 시작할 수 있지만, 나만의 브랜드 채널을 만들기 위해서는 부단한 노력과 지치지 않는 도전정신 필요하다고 생각합니다. 단기간에 1인 브랜드를 구축한 쥬니의 노하우를 배우고 싶다면, '틱톡으로 돈 벌기'를 선택하세요.

샌드박스 소속 틱톡 팀장, **강지민**

수학을 공부할 때 '수학의 정석'이 필요한 것처럼, 틱톡을 시작할 때는 쥬니의 '틱톡으로 돈 벌기'가 꼭 필요합니다. 틱톡으로 재미도 느끼고, 수익까지 얻고 싶다면, 120만 팔로워를 보유한 쥬니와 함께 지금 당장, 틱톡을 시작해 보세요.

패션 틱톡 크리에이터, **하다**

'틱톡으로 돈 벌기'는 틱톡의 과거, 현재, 미래에 대해 모두 알려줍니다. 틱톡을 하고 싶지만 어떻게 시작해야 하는지 망설이는 분, 이미 시작했지만 팔로워와 조회 수가 늘지 않아 고민인 분 모두에게 꼭 필요한 책입니다.

천만 틱톡 크리에이터, **먹스나**

대한민국 **TOP** 틱톡커,
틱톡 스타 **쥬니**와 함께하는

틱톡으로
돈 벌기

쥬니 juney (이지은) 지음

길벗

TikTok
틱톡으로 돈 벌기♪
Making money with TikTok

초판 발행 · 2021년 9월 6일

지은이 · 이지은
발행인 · 이종원
발행처 · (주)도서출판 길벗
출판사 등록일 · 1990년 12월 24일
주소 · 서울시 마포구 월드컵로 10길 56(서교동)
대표 전화 · 02)332-0931 | **팩스** · 02)322-0586
홈페이지 · www.gilbut.co.kr | **이메일** · gilbut@gilbut.co.kr

기획 및 책임 편집 · 박슬기(sul3560@gilbut.co.kr) | **표지 및 본문 디자인** · 이도경 | **제작** · 이준호, 손일순, 이진혁
영업마케팅 · 임태호, 전선하, 차명환 | **웹마케팅** · 조승모, 지하영 | **영업관리** · 김명자 | **독자지원** · 송혜란, 윤정아

편집진행 · 방세근 | **전산편집** · 이기숙 | **CTP 출력 및 인쇄** · 대원문화사 | **제본** · 신정제본

· 잘못 만든 책은 구입한 서점에서 바꿔 드립니다.
· 이 책은 저작권법에 따라 보호받는 저작물이므로 무단전재와 무단복제를 금합니다. 이 책의 전부 또는 일부를 이용하려면 반드시 사전에
  저작권자와 (주)도서출판 길벗의 서면 동의를 받아야 합니다.

ⓒ 이지은, 2021

ISBN 979-11-6521-685-6 03320
(길벗 도서번호 007112)

가격 16,000원

독자의 1초를 아껴주는 정성 길벗출판사
길벗 IT실용서, IT/일반 수험서, IT전문서, 경제실용서, 취미실용서, 건강실용서, 자녀교육서
더퀘스트 인문교양서, 비즈니스서
길벗이지톡 어학단행본, 어학수험서
길벗스쿨 국어학습서, 수학학습서, 유아학습서, 어학학습서, 어린이교양서, 교과서

페이스북 | www.facebook.com/gilbutzigy
네이버 포스트 | post.naver.com/gilbutzigy

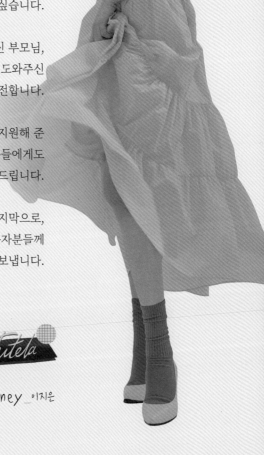

쥬니뚜뗄라 JuneyTutela
Thanks To

육아를 하면서 책을 집필하기가
쉽지는 않았지만,
원고와 함께했던 지난 10개월을 되돌아보면
정말 고마운 분들이 많이 떠오릅니다.

가장 먼저, 책을 쓸 용기를 주고
포기하지 않도록 중심을 잡아준
남편에게 고마움을 전하고 싶습니다.

사랑과 헌신으로 키워주신 부모님,
일과 육아를 병행할 수 있도록 도와주신
시부모님께도 감사한 마음을 전합니다.

무엇보다 제 가능성을 믿고 지원해 준
길벗출판사와 샌드박스, 탈잉 관계자분들에게도
감사 인사를 드립니다.

마지막으로,
틱톡커를 꿈꾸는 독자분들께
응원과 감사의 인사를 보냅니다.

2021. 09 쥬니juney_이지은

틱톡을 처음 시작하는 초보자도, 틱톡 팔로워가 늘지 않아 고민 중인 틱톡커도 쉽게 이해하고 따라 할 수 있도록 구성했어요. 쥬니와 함께하는 틱톡, 이제 재밌게 즐기기만 하면 됩니다!

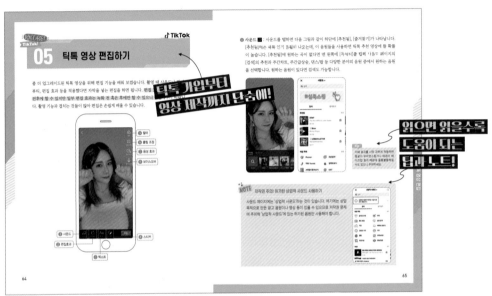

틱톡 가입부터
영상 제작까지 단숨에!

읽으면 읽을수록
도움이 되는
팁과 노트!

무작정 따라하기만 해도
영상이 저절로 완성!

필요할 때마다
쉽게 찾아보는 팁

틱톡 채널명 정하기부터 콘텐츠 기획, 홍보 전략까지 틱톡커라면 궁금해할만한 내용을 모두 담았어요. 120만 팔로워를 보유한 쥬니만의 노하우와 성공 전략을 아낌없이 알려드릴게요.

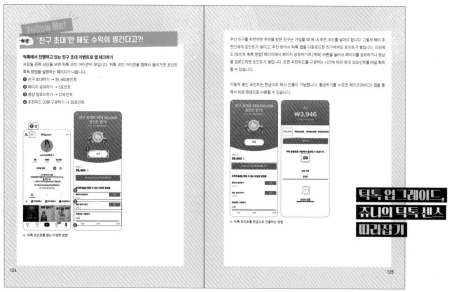

PART 03 **Q&A**

PART 04 **Q&A**

PART 05 Q&A

길벗출판사 홈페이지에 무엇이든 물어보세요!

책을 읽다 막히는 부분이 있으면 길벗출판사 홈페이지(www.gilbut.co.kr)에 회원으로 가입하고 고객센터의 1:1
게시판에 질문을 올려보세요. 지은이와 길벗 독자지원센터에서 신속하고 친절하게 답해 드릴게요.

1
길벗출판사 홈페이지
(www.gilbut.co.kr)
회원 가입 후 로그인하기

2
홈페이지 시작 화면 검색 창
에서 책 제목 검색하기

3
이미 등록된 질문 검색 또는
새로운 질문 등록하기

목차

PART 04

틱톡 팔로워를 늘리는 10가지 노하우

목차

QR코드로 틱톡 영상을 만나보세요!

1 책에 실린 QR코드를 통해 틱톡 영상을 바로 볼 수 있습니다.

2 스마트폰 카메라를 실행하고 QR 고드를 비춰주세요.

3 틱톡 영상을 볼 수 있는 링크가 나타나면 화면을 클릭해 영상을 감상하세요.

100만 틱톡커,
쥬니 소개

쥬니의 초등학교 시절부터 대학교, 취업, 유튜브 그리고 틱톡커가 된 스토리를 들어봅니다. 준비된 틱톡커가 되기 위해 노력하며, 때론 방황하면서 고군분투한 과정을 읽으면서 나는 틱톡을 시작하기 전, 어떤 준비를 하면 좋을지 고민해 보면 좋겠습니다.

| 프롤로그 | # 쥬니는 어떻게 틱톡커가 됐을까?

1 준비된 틱톡커가 되자

틱톡에서 100만 팔로워를 거느린 크리에이터가 될 수 있었던 것은 단순히 빠른 트렌드를 쫓은 결과만은 아니라고 생각합니다. 틱톡에 벼락스타가 존재하는 것 같지만 진정한 벼락스타는 없습니다. 영상을 열심히 만들던 사람의 영상이 터지는 경우가 대부분입니다. 열심히 이것 저것 찍다가 나한테 딱 맞는 영상을 만나는 순간 떡상을 하게 되는 것이죠. 물론 떡상한 이후에도 팔로워가 늘었다고 노력하지 않고 잠시라도 방심하면 금세 물거품처럼 사라지는 것이 바로 틱톡입니다.

▲ 현재 120만 팔로워를 보유한 틱톡커, 쥬니

저는 한국어 포함 스페인어, 영어, 중국어, 프랑스어 총 5개 언어를 구사할 수 있습니다.

그 덕분에 제가 꿈꾸던 방송일을 다양한 언어로 할 수 있는 기회를 얻었습니다. "캐리TV"의 줄리 언니 데뷔를 시작으로 2018평창동계올림픽과 2019광주세계수영선수권 등 각종 국제행사의 한영MC를 맡았으며 현재는 120만 명의 팔로워를 보유한 틱톡 크리에이터이자 방송인으로 활동을 이어가고 있습니다.

그동안 꿈을 위해 부단히 노력해 왔으며 포기하고 싶은 순간과 시련도 많았지만 그때마다 다시 일어나 저만의 길을 꾸준히 걸어왔습니다. 결국 그렇게 쌓아온 노력이 헛되지 않았음을 틱톡 에서 제 끼와 재능을 발산하면서 깨달았습니다. 틱톡은 결혼과 출산 후 경력단절 시기와 코로나로 가장 힘든 순산에 행운처럼 찾아와주었고, 저를 다시 일으켜 세워 새로운 꿈을 꿀 수 있게 도와주었습니다.

▲ 각종 국제행사 MC로 할동 풍인 쥬니

2 부모님을 따라, 스페인 마드리드로 GO!

초등학교 3학년 때 사업하시는 부모님을 따라 스페인으로 갔고, 스페인 로컬 사립 초등학교에 입학했지만 스페인어 때문에 애를 먹었습니다. 그래서 매일 새벽 6시에 일어나 스페인어 단어 100개씩을 외우며 스페인어를 공부했습니다. 그 결과 4개월 만에 스페인어 실력이 급속도로 향상됐고 학교생활에 잘 적응해 나갈 수 있었습니다.

무탈하게 즐거운 학교생활을 하던 중 문득 영어도 배워야겠다는 생각이 들어서, 스페인에 있는 국제학교로 전학을 갔습니다. 다행히 스페인어를 열심히 공부한 경험이 바탕이 돼 영어는 스페인어보다 좀 더 수월하게 익힐 수 있었습니다.

3 중국 대학 자퇴, 진로를 찾아 한국 대학으로 GO!

스페인 국제학교에서 즐거운 학창 시절을 보내다가 고등학교 3학년 때 엄마의 사업이 중국과 교류할 일이 많아지면서 중국으로 가게 되었습니다. 중국어도 당연히 순탄하게 배울 수 있을 거라 생각했지만 알파벳 계열이 아니라 한자이다 보니 예상보다 쉽지 않았습니다.

대학갈 시기가 되어 패션을 전공하고 싶었지만 부모님의 반대로 상해에 있는 교통대학교 산업디자인과에 입학했습니다. 기대와 다른 점이 많고 적성에도 맞지 않아서 힘들었지만 그나마 댄스 동아리를 즐겁게 하면서 대학생활을 견딜 수 있었습니다. 어려서부터 열정과 끼가 많은 스페인 사람들과 어울려 살아서 그런지 남들 앞에서 춤추고 장기자랑하는 걸 좋아했습니다.

▲ 중국에서 대학을 다니던 시절의 쥬니

하지만 댄스 동아리만을 보고 대학을 다닐 수 없다는 생가이 들었고 진로를 진지하게 고민한 결괴 자되를 결정했습니다. 제 인생 최고의 선택이자 터닝포인트였습니다. 가족들의 반대에도 불구하고 한국에 와서 6개월 동안 독서실에서 입시 공부를 정말 미친 듯이 하고 한국외대에 장학생으로 당당히 입학해 24살에 늦깎이 대학 신입생이 되었습니다.

대학에 입학해 철학, 정치 수업 등을 통해 다양한 경험을 하며 한국 캠퍼스를 만끽했지만 또 새로운 것을 배우고 싶은 열망에 평소 마음에 두었던 프랑스에 대한 로망을 풀기 위해 프랑스 교환 학생으로 다시 떠났습니다.

▲ 대학 합격증과 캠퍼스 생활

그래서 제가 한국어 포함 스페인어, 영어, 중국어, 프랑스어 5개 국어를 할 수 있게 된 것입니다. 그렇게 전 8개월의 프랑스 교환학생 생활을 마치고 다시 한국으로 돌아왔고 본격적인 취업 준비를 시작했습니다.

4 없던 기회도 만들어 쟁취한 캐리TV

'내가 정말 좋아하는 게 뭐지?', '난 어떤 일을 하면서 돈을 벌고 싶은 거지?' 전 스스로에게 질문하면서 제가 사람들 앞에 나서서 뭔가를 할 때 가장 큰 희열을 느낀다는 것을 깨달았습니다. 그래서 방송 쪽으로 커리어를 쌓기 시작했습니다. 교통방송 리포터, 여행 리포터 등을 하면서 커리어를 쌓아갔습니다.

유튜브 시장이 뜨기 직전에 캐리TV가 글로벌 진출을 앞두고 외국어 능력자를 필요로 한다는 기사를 접하고 지원하려 했지만 공채 기간이 아니었습니다. 하지만 전 홈페이지에서 찾을 수 있는 캐리TV 관계자들의 이메일을 전부 찾아 무작정 이력서를 보냈는데, 놀랍게도 캐리TV에서 러브콜이 왔습니다.

캐리TV의 새 캐릭터 줄리 언니로 활동하면서 처음으로 팬이 생겼고, 뮤지컬 무대에서 주인공도 맡아봤습니다.

▲ 캐리TV의 줄리 언니로 활동하던 시절

5 '코리안 시스터 쥬니' 유튜브 개인 채널 시작

1년간의 줄리 언니 활동을 마치고 2017년에 캐리TV를 퇴사해 유튜브 채널을 준비했습니다. 그 사이에 평창올림픽 주최측에 지원한 후 잊고 있었는데, 연락이 와서 정말 놀랐습니다. 2018년 2월, 평창올림픽 쇼트트랙과 피겨스케이팅 장내 한영 MC를 진행했습니다. 그 후 'Korean

Sister Juney(코리안 시스터 쥬니)'라는 유튜브 개인 채널에 전념했습니다. 이 채널에는 태국 사람들에게 한국 문화를 소개하는 콘텐츠를 주로 올렸습니다.

태국을 대상으로 영상을 만들게 된 2017년 호주 멜버른에서 열린 유튜브 크리에이터 서밋 행사에 초청받아 참여한 것이 계기가 되었어요. 아시아의 톱 크리에이터들이 한자리에 모이는 행사였는데, 그곳에서 태국의 1,200만 유튜버 'bie The Ska(비 더 스카)'라는 친구와 허팝 오빠를 만나게 됐습니다.

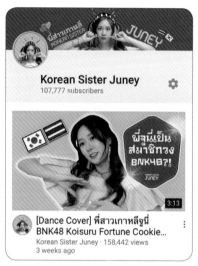

▲ 코리아 시스터 유튜브 활동 시절

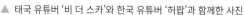

▲ 태국 유튜버 '비 더 스카'와 한국 유튜버 '허팝'과 함께한 사진

호주에서 돌아온 후 태국의 '비 더 스카'라는 친구는 당시 아시아에서 유일하게 다이아 버튼을 받은 천만 유튜버가 됐습니다. 당시 비 더 스카가 저와 찍은 사진과 영상을 자신의 유튜브와 인스타그램에 올렸는데, 제가 나온 영상은 1~2초 정도밖에 안됐지만 놀랍게도 갑자기 제 개인 인스타그램 채널에 태국 팔로워가 2,000명이 증가했습니다. 이를 계기로 많은 태국분들이 저에게 관심을 가져줬고 한국 문화도 많이 궁금해했습니다.

그렇게 런칭한 유튜브 첫 채널 '코리안 시스터 쥬니'는 정확히 93일 만에 10만 명의 팔로워를 달성했고 실버 버튼도 정말 빨리 받았습니다. 그러던 중 국내 대표 MCN(Multi Channel Network, 다중 채널 네트워크) 기업인 샌드박스에서 러브콜을 받았습니다. 전 샌드박스와 함께 꿈을 키워가기로 결심하고 계약서에 도장을 찍었습니다.

▲ 10만 팔로워 달성, 실버 뱃지 획득

◀ 샌드박스 소속 크리에이터로 활동 중인 쥬니

26

6 출산과 코로나19로 경력 단절, 어두운 공백기에 만난 틱톡

결혼과 출산 후에도 하고 싶은 일을 하기 위해 꾸준히 노력했습니다. 샌드박스와 함께 '쥬니 영어'라는 콘텐츠를 만들며 잔뜩 기대에 부풀었지만 코로나19로 많은 행사가 전부 무산됐고 일도 점점 줄어들었습니다.

어느 날, 샌드박스 담당자로부터 "요즘 틱톡이라는 새로운 숏 비디오 플랫폼이 있는데 한번 해보는 건 어떠세요?"라는 제안을 받았고, 집콕 생활에 지쳐갈 무렵 정확히 2020년 3월 28일에 남편과 춤을 추는 첫 틱톡 영상을 찍어 올렸습니다. 당시 남편과 틱톡에서 유행하던 춤을 30분 정도 연습한 뒤 스마트폰으로 찍어 저녁 11시에 업로드했는데, 다음날 아침 7시 조회 수가 10.9K, 1만 뷰가 넘은 것을 확인했습니다. 지금껏 영상을 한 번도 올린 적도 없는데, 하루아침에 팔로워도 0명에서 34명이나 늘었습니다. 신기하면서도 재밌었습니다. 유튜브와는 확실히 달랐습니다. 바로 댄스 영상을 또 찍어 올렸고 며칠 뒤 그 영상이 10만 뷰가 넘으면서 전 틱톡에 완전히 빠져들게 됐습니다.

▲ 첫 틱톡 영상으로 조회 수 10.9K 달성

7 오늘도 틱톡, 내일도 틱톡, 독학으로 틱톡 정복

이때부터 전 그야말로 틱톡에 중독됐습니다. 그렇게 틱톡을 시작하고 2박 3일 동안 거의 밤을 새면서 틱톡이 유튜브나 인스타그램과 어떻게 다른지 연구하며 기능들을 독학했습니다. 틱톡 기능을 잘 몰랐기에 유저들이 어떤 영상을 찍는지 보고 또 보며 스스로 공부했고, 조회 수가 많은 영상 들을 분석해 그들과 같은 효과를 내는 편집 기능들을 독학했습니다.

예를 들어 아이스크림이 트렌드라고 하면 아이스크림 트렌드 영상을 어떻게 만드는지 블로그, 영상 등을 죄다 찾아보며 공부했습니다. 그렇게 정보를 샅샅이 찾아내며 틱톡 영상을 만들었고 6번째 영상을 올렸을 때 팔로워가 급상승했습니다. 6번째 영상은 정말 간단했습니다. 저의 재능을 살려 '엄마'라는 단어를 스페인어, 영어, 한국어로 말했는데, 한국어로 엄마를 부르는 짜증 반 애정 반 섞인 "엄~마~~~!"라는 부분에서 국내는 물론 해외 틱톡커들에게 많은 웃음과 공감대를 얻었습니다.

▲ 100만 뷰를 넘긴 엄마 영상

이 단순한 '엄마' 영상이 100만 뷰가 넘어가니 슬슬 욕심이 생기기 시작했습니다. 이제부터 정말 저만이 할 수 있는 재밌는 영상을 더 많이 만들어야겠다는 의욕에 불탔고 본격적으로 틱톡 크리에이터의 길을 걷기 시작했습니다.

그리고 저의 끼와 재능을 마음껏 발휘할 수 있는 틱톡 덕에 시작 4개월 만에 팔로워 50만 명, 그리고 1년이 넘자 100만 팔로워 달성이라는 큰 선물까지 받게 됐습니다. 정말 이루 말할 수 없는 성취감을 느끼는 기쁨의 순간이었습니다. 이 책을 읽는 독자분들도 틱톡을 만나 자신의 숨어 있던 창조성을 개발하고 자신감 있게 도전한다면 분명 저보다 더 좋은 성과를 이룰 것이라 확신합니다. 바로 제가 산증인이기 때문입니다.

▲ 다양한 효과를 적용한 틱톡 영상, 촬영 중간 모습

♪ TikTok

PART 01

틱톡의 이해

먼저 틱톡이란 무엇인지와 틱톡의 사용자 층을 알아보고 틱톡의 장점을 살펴봅니다. 틱톡은 단순한 메뉴 구성과 짧고 빠르게 전개되는 영상, 손쉬운 동영상 편집과 업로드 기능, 스마트폰 하나면 진짜 1인 미디어가 될 수 있는 장점을 가지고 있습니다. 그리고 듀엣과 이어찍로 높은 사용자 참여도를 가지고 있습니다. 성공사례를 보면서 틱톡을 지금 시작해야 하는 이유를 살펴봅시다.

♪ TikTok

01 틱톡이란 무엇인가?

틱톡이란?

틱톡(TikTok)은 2016년 9월, 중국 IT 기업 바이트댄스사가 선보인 '글로벌 숏폼(Short-form) 모바일 플랫폼'입니다. 15초, 30초, 1분, 그리고 최대 3분까지의 짧은 영상을 틱톡에 올리고 해시태그를 붙여 검색하기 쉽게 만들 수 있으며 다른 사용자를 팔로우하거나 댓글을 달고 좋아요를 눌러 전 세계 사용자들과 함께 공유할 수 있습니다. 중국은 바이트댄스사가 직접 서비스를 하고 LA, 뉴욕, 런던, 파리, 베를린, 두바이, 뭄바이, 싱가포르, 자카르타, 서울, 그리고 도쿄는 글로벌 오피스를 두고 전 세계 사용자를 대상으로 운영하고 있습니다.

▲ 바이트댄스의 틱톡 소개 화면

틱톡의 사용자 층과 인기

틱톡 열풍은 MZ세대, 그중 특히 10대들에 의해 시작됐습니다. 하지만 지금은 10대부터 90대까지 남녀노소 누구나 손쉽게 즐길 수 있는 모두의 플랫폼으로 성장했습니다. 미국에서만 1억명 이상, 150여 개 국가에서 약 10억 명이 틱톡을 사용하고 있으며 국내 사용자도 1,000만 명에 이르는 것으로 알려져 있습니다.

MZ세대란 누구인가요?

MZ세대(MZ generation)는 1980년대 초에서 2000년대 초에 출생한 밀레니얼 세대와 1990년대 중반에서 2000년대 초에 출생한 Z세대를 아우르는 말이라고 합니다. 이들은 휴대폰, 인터넷 등 디지털 환경에 익숙하므로 변화에 유연하고, 새롭고 이색적인 것을 추구하며, 자신이 좋아하는 것에 돈이나 시간을 아끼지 않고 투자하는 특징이 있습니다.

2020년 3월, 한국 안드로이드 틱톡 유저들의 연령층을 조사한 자료에 따르면 10대 여성이 28.2%, 10대 남성이 15%로 틱톡을 가장 많이 사용하는 것으로 나타났습니다. 하지만 20대, 30대, 40대, 50대 이상의 연령층 분포의 합이 10대보다 더 많은 것을 확인할 수 있습니다. 이제는 10대뿐만 아니라 30대는 물론 40대, 그리고 50대 이상까지 다양한 연령대가 틱톡을 사용하고 있다는 것을 알 수 있습니다.

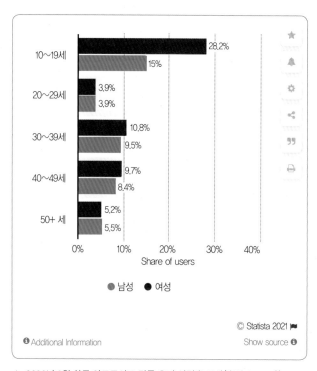

▲ 2020년 3월 한국 안드로이드 틱톡 유저 연령층 조사(출처: https://www.statista.com/statistics)

2020년 9월 발표된 앱 다운로드 랭킹을 살펴보면 구글 플레이 스토어와 앱 스토어에서 가장 많은 수의 다운로드를 기록한 앱이 바로 틱톡입니다. 그 다음으로 줌, 페이스북, 유튜브가 경쟁 구도에 있습니다. 이 다운로드 랭킹만 봐도 2020년 이후 틱톡 사용자가 급증했다는 것을 알 수 있습니다.

Top Apps Worldwide for September 2020 by Downloads (Non-Game)			SensorTower
Overall Downloads	**App Store Downloads**	**Google Play Downloads**	
1 TikTok	1 TikTok	1 TikTok	
2 ZOOM	2 ZOOM	2 Facebook	
3 Facebook	3 YouTube	3 ZOOM	
4 WhatsApp	4 Instagram	4 Snack Video	
5 Google Meet	5 WhatsApp	5 Google Meet	
6 Instagram	6 Facebook	6 WhatsApp	
7 Snack Video	7 Gmail	7 Instagram	
8 Messenger	8 Microsoft Teams	8 Messenger	
9 Telegram	9 Messenger	9 Telegram	
10 Snapchat	10 Google Maps	10 Snapchat	

▲ 2020년 9월 앱 다운로드 랭킹(출처: https://sensortower.com/blog)

02 틱톡, 지금 당장 시작해야 하는 이유

1 틱톡의 장점

단순한 메뉴 구성

틱톡의 가장 큰 장점은 세로의 풀 스크린에서 영상을 1개씩 시청할 수 있다는 점입니다. 타 비디오 플랫폼의 경우 내가 보고 싶은 영상 외에도 하단의 추천 영상과 다양한 탭들이 있어 온전히 내가 시청하는 영상에 집중하기 쉽지 않지만, 틱톡의 경우 한 개의 영상이 세로로 전체 화면에 뜨기 때문에 영상이 재미있다면, 보고 있는 사람의 온 집중을 받을 수 있습니다. 때문에 영상을 잘만 만든다면 나의 퍼스널 브랜딩이 가능하고 제품 홍보 또한 재미있게 풀 수 있는 요소들이 많습니다.

틱톡 안에서는 영상을 만드는 것도 매우 쉽습니다. 타 플랫폼에 비해 남녀노소 누구나 쉽게 영상을 촬영하고 재미있는 효과를 넣고 음악도 넣을 수 있죠. 특히 영상 특수효과와 음원들이 이미 틱톡 앱에 들어있기 때문에 다른 프로그램을 사용하거나 음원을 다운로드 받아서 작업해야 하는 수고를 덜 수 있습니다.

틱톡은 앱스토어나 플레이스토어에서 틱톡을 검색하여 다운로드한 후 설치할 수 있으며 간단한 가입 절차를 거치고 나면 바로 동영상 시청을 할 수 있습니다. 내가 팔로우하는 사용자가 만든 동영상을 보여주는 '팔로잉'과 내가 좋아할 만한 동영상을 보여주는 '추천'만 알아도 틱톡을 바로 시청할 수 있습니다.

짧고 빠르게 전개되는 영상 콘텐츠

틱톡은 2016년 출범 당시부터 짧은 시간 내에 간결하고 임팩트 있는 메시지를 담아내는 숏폼 영상으로 전 세계 MZ세대들에게 선풍적인 인기를 끌었습니다.

일명 '스낵 컬처(Snack Culture)'라 불리기도 하는 틱톡의 영상 콘텐츠는 빠른 전개와 흐름으로 틱톡 앱 접속과 동시에 바로 눈길을 사로잡는 특징이 있습니다. 짧은 영상 한 편을 빠르게 시청하고 나면 바로 다음 영상이 이어서 재생됩니다. 영상 하나 시청에 짧게는 15초밖에 걸리지 않으므로 약 1분 동안 4개의 재밌는 숏폼 영상을 감상할 수 있어 지루할 틈이 없다는 것이 틱톡의 매력입니다.

숏폼 콘텐츠가 무엇인가요?

숏폼 콘텐츠(Short-form Contents)는 글자 그대로 짧은 길이의 영상을 말하며, 언제 어디서나 모바일 기기 등을 이용해 원하는 콘텐츠를 즐기는 대중들의 소비 형태를 반영한 트렌드입니다. 1~10분 이내의 짧은 영상을 만들어 넘쳐나는 콘텐츠 속에서 시청자들의 눈길을 끌 수 있는 스토리를 구성하는 것이 특징입니다.
숏폼 콘텐츠는 틱톡, 유튜브, 넷플릭스 등에서 즐길 수 있으며, MZ세대들이 이동 시간 등 시간이 날 때마다 틈틈이 보는 효율적인 여가활동으로 소비되고 있습니다.

손쉬운 동영상 편집 및 업로드 기능

틱톡은 누구나 손쉽게 영상을 업로드할 수 있어 진입 장벽이 낮다는 장점이 있습니다. 무엇보다 큰 매력 중 하나는 동영상 편집을 할 줄 모르는 사람도 몇 가지 간단한 기능만 익히면 금세 짧은 동영상을 만들어 낼 수 있다는 것입니다. 카메라 기능으로 영상을 찍을 수 있고, 스마트폰 사진 앱에서 영상을 바로 선택해 원하는 구간을 잘라내고 배속을 설정할 수도 있습니다. 또 자기 목소리를 녹음하고 음성을 변조할 수도 있습니다. 이처럼 다양한 편집 기능과 원하는 효과를 아이콘 터치 한 번으로 쉽게 올릴 수 있습니다.

진정한 1인 미디어, 스마트폰 하나면 준비 끝!

틱톡의 가장 큰 경쟁력은 바로 촬영부터 편집, 업로드, 그리고 홍보까지 모두 혼자서도 가능하다는 점입니다. 유튜브의 경우 1인 미디어라 하더라도 영상 퀄리티가 지속적으로 발전하면서 고가의 카메라와 조명 장비들이 필요해졌고, 새롭고 짜임새 있는 기획이나 편집을 위해 전문가들과 협업해야 하는 경우가 늘어나고 있습니다. 이렇게 팀으로 움직여 한 편의 유튜브 영상이 제작되니 진정한 1인 미디어라고 단정 짓기는 어려울 것 같습니다.
틱톡의 경우 새로운 편집효과와 틱톡 스티커가 주기적으로 업데이트되고 또 글로벌 숏폼 모바일 플랫폼에 걸맞게 국내뿐 아니라 해외 트렌드 음악을 무료로 사용할 수 있어서 전문가의 손길이 닿은 듯 완성도 높은 영상을 혼자서도 제작할 수 있습니다.

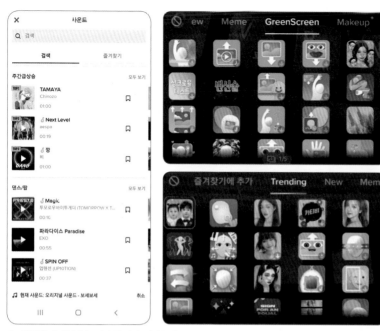

▲ 틱톡에서 제공하는 다양한 영상 편집효과

듀엣과 이어찍기로 높은 사용자 참여도

유튜브는 채널을 직접 운영하는 크리에이디보다 시청자의 비율이 더 높다고 합니다. 하지만 틱톡은 빠르고 손쉬운 촬영 및 편집 기능으로 인해 사용자의 참여율이 비교적 높은 것으로 알려져 있습니다. 틱톡에서 제공하는 듀엣과 이어찍기는 다른 유저의 영상을 재생산하는 편집 효과인데, 듀엣은 내가 공유한 다른 사용자의 영상에 내 영상을 함께 촬영할 수 있는 촬영 효과 방식이고, 이어찍기는 다른 사용자의 영상 뒤에 내 영상을 이어찍는 방식입니다.

틱톡은 글로벌 플랫폼이다 보니 세계 인기 음원 사용으로 해외 사용자들과의 접점도 다양하며, 틱톡만의 좋아요와 댓글 역시 영상 내에서 바로 공유할 수 있어 인스타그램과 같이 활발히 소통할 수 있습니다.

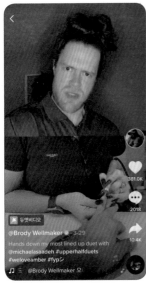

▲ 듀엣 찍기의 다양한 예

2 틱톡을 시작해야 하는 이유

단 하나의 영상으로 틱톡 스타가 될 수 있다!

틱톡은 한두 개의 영상만 올려도 추천에 뜰 수 있는 확률이 높아 누구나 틱톡 스타가 될 수 있습니다. 이 점이 바로 다른 SNS 채널과의 큰 차이점입니다. 어느 플랫폼이든 매일 혹은 이틀에 한 번은 꾸준히 콘텐츠를 업로드하는 힘든 과정을 거쳐야 알고리즘 추천에 뜰 수 있는데, 틱톡은 영상 하나만으로도 몇백만 뷰의 조회 수가 나올 수 있는 가능성이 있는 플랫폼입니다.

성공사례 평범한 소녀가 영상 하나로 세계적인 스타로 변신 _ 찰리 다멜리오(@charlidamelio)

미국의 평범한 16세 소녀인 찰리 다멜리오는 자신의 방에서 춤을 추는 영상을 틱톡에 공유하기 시작하면서 불과 수개월 만에 스타덤에 올랐고, 얼마 전 틱톡 최초로 1억 명의 팔로워를 달성한 인플루언서가 됐습니다. 던킨도너츠는 다멜리오의 이름을 붙인 음료를 출시하기도 했으며, 초당 수억 원이나 하는 슈퍼볼(Super Bowl) 광고에 출연해 높은 수익까지 거머쥔 세계적인 스타로 발돋움했습니다. 포브스에 따르면 다멜리오가 지난 한 해 동안 벌 어들인 수익은 약 400만 달러(약 44억 원)에 달한다고 보도했습니다.

성공사례 페이스 줌 기능으로 하루아침에 글로벌 틱톡커로 변신 _ 벨라 포치(@bellapoarch)

귀여운 여성이 'M to the Be' 노래에 맞춰 머리를 까딱까딱 흔드는 벨라 포치의 영상은 2020년 최고의 화제 영상입니다. 자꾸 보게 되는 흡입력 있는 영상으로 입소문을 타게 되면서 팔로우가 폭발적으로 증가했습니다. 벨라 포치의 매력적인 외모와 틱톡의 페이스 줌 효과의 참신함이 시선을 집중시켜 마치 픽사의 만화영화 같기 때문이었습니다.

벨라 포치는 최근 Build a Bitch 음원을 내면서 국제적인 스타가 되었고 "완벽한 인형을 찾는다면, 난 네가 원하는 인형이 아니야(so if you need perfect, I'm not built for you.)"라는 외모 지상주의를 비판하는 가사로 사람들로부터 많은 공감과 사랑을 받고 있습니다.

삶의 활력소부터 브랜딩, 정보 전달 기능까지

많은 틱톡 사용자들이 틱톡이라는 플랫폼에서 어떤 즐거움을 얻을까요? 단순히 재미만을 위해서 틱톡을 하는 것이 아니라 1분 안에 쉽고 간략하게 알려주는 정보 전달이나 자신을 알리는 홍보 마케팅 기능으로 틱톡을 활용하고 있습니다. 또 요즘 부캐(제2의 자아를 뜻하는 신조어, 부 캐릭터) 트렌드에 맞게 본업이 있으면서 취미생활을 나름의 방식으로 즐기고 공유하기도 합니다.

성공사례 삶의 활력소를 찾아 즐거운 일상을 만든다 _ 46년생 춘자씨(@chunja46)

1946년생이신 할머니가 운영하시는 채널로 할아버지와 함께 영상을 찍어 올리시는데, 나이와 상관 없이 즐겁게 사시는 모습이 참 보기 좋습니다. 틱톡이 이분들에게 삶의 활력소임을 느끼게 하는 영상들입니다. 이분들의 영상 댓글을 보면 다른 국내 크리에이터들과 다르게 해외 팬들이 굉장히 많습니다. 전 세계 사람들이 공통적으로 공감할 수 있는 콘텐츠를 잘 만드신다는 생각이 듭니다.

성공사례 미국 시애틀에 거주하는 한국 이민 가정 _ 가족의 일상(@janeparkang)

미국에서 아이에게 한국말을 가르치고 한국 음식을 소개하는 영상 등이 소소하지만 재밌어 자꾸 보게 되는 영상입니다. 한국 음식들을 만들어 먹는 영상은 우리 문화에 관심이 많은 외국인들에게 인기가 높은 편입니다.

♪ TikTok

PART 02

틱톡 영상 준비
&제작하기

틱톡을 다운받고 가입하는 방법을 알아보고 틱톡 화면의 아이콘들의 기능에 대해 자세히 살펴봅니다. 그런 후 틱톡 채널을 만드는 방법을 배우고 틱톡으로 직접 촬영하는 방법을 무작정 따라하기로 학습할 수 있습니다. 그리고 촬영한 영상 편집한 후 게시해봅니다.

01 틱톡 다운로드하고 가입하기

틱톡 다운로드하기

사용자의 스마트폰 사용 환경에 따라 구글 플레이스토어나 앱 스토어에서 '틱톡'을 검색해 앱을 다운로드합니다. [설치]를 탭하면 내 스마트폰에 틱톡 앱 아이콘이 나타납니다.

▲ 안드로이드 설치 화면

▲ 아이폰 설치 화면

Tip
이미 틱톡 앱을 스마트폰에 설치했거나 가입했다면 이 과정은 생략하세요.

틱톡 앱을 빠르게 다운로드받고 싶다면?

구글 플레이 스토어와 앱 스토어에서 틱톡 앱을 검색하기 어렵거나 앱을 빠르게 설치하고 싶다면 스마트폰 카메라로 QR 코드를 찍습니다. 틱톡을 다운로드할 수 있는 링크가 바로 연결됩니다.

01 내 스마트폰에 설치된 틱톡 앱을 실행합니다. [사용 약관] 창이 열리면 이용약관 및 개인정보 수집이용 등을 잘 읽어보고 동의에 체크 표시한 후 [동의]를 탭합니다. '관심사 선택'에서 틱톡에서 받아보고 싶은 관심 영상 분야를 선택한 후 [다음]을 탭합니다. 다양한 분야를 제공하고 있으므로 마음에 드는 항목을 선택하면 됩니다. 전체 다 선택해도 됩니다.

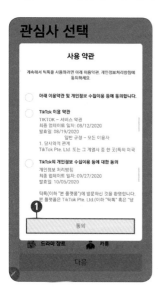

Tip

자신의 관심 분야 대신 틱톡에서 제안하는 콘텐츠 영상을 보고 싶다면 관심사 선택은 건너뛰어도 괜찮아요. 또 관심 분야를 너무 많이 선택하면 보고 싶지 않은 영상까지 추천받을 수 있으니 3~4개 정도만 선택하는 것도 좋아요.

02 틱톡은 전화번호 혹은 이메일을 통해 가입하거나 카카오톡, 구글, 페이스북, 트위터, 라인 등 이미 가입한 다른 SNS 계정을 이용해 가입할 수 있습니다. 여기서는 전화번호로 틱톡에 가입하는 방법부터 설명하겠습니다. [TikTok 가입하기]의 [전화 또는 이메일 사용]을 탭합니다. 메일이나 다른 SNS 채널로 가입하는 방식은 해킹 사례가 많으므로 [전화번호] 가입하는 것을 추천합니다.

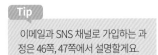

이메일과 SNS 채널로 가입하는 과정은 46쪽, 47쪽에서 설명할게요.

03 자신의 생년월일을 찾아 선택하고 [다음]을 탭합니다. [사용 약관]을 읽고 각 항목 앞에 체크 표시를 하여 전체 동의를 한 후 [다음]을 탭합니다.

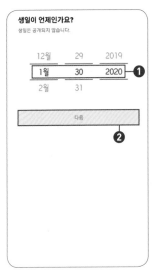

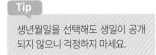

생년월일을 선택해도 생일이 공개되지 않으니 걱정하지 마세요.

04 [전화번호]에 자신의 핸드폰 번호를 입력하고 [코드 전송]을 탭합니다. 핸드폰 문자로 4
자리 코드가 전송되면 [4자리 코드 입력] 빈칸에 코드를 입력합니다.

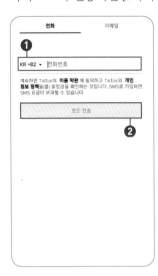

05 이제 비밀번호와 아이디를 만들어 보겠습니다. [비밀번호 만들기]에서 특수 문자와 숫자,
문자 등을 8~20자 내로 조합해 [암호 입력] 빈칸에 입력한 후 [다음]을 탭합니다. [TikTok ID
만들기]의 'TikTok ID' 빈칸에 나만의 틱톡 ID를 입력합니다.

> **Tip**
> 아이디는 언제든지 변경 가능하
> 니 너무 고심해서 만들지 않아도
> 돼요.

01 내 스마트폰에 설치된 틱톡 앱을 실행한 후 사용 약관에 모두 동의하고 관심사를 선택합니다. [프로필]-[가입하기]를 탭한 후 [KakaoTalk으로 계속 진행]을 탭하면 TikTok 약관 전체 동의하기가 나타납니다. [전체 동의하기]를 탭한 후 [동의하고 계속하기]를 탭합니다.

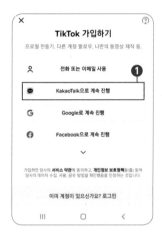

02 [생일이 언제인가요?]에서 자신의 생년월일을 선택하고 [다음]을 탭한 후 [사용 약관]에서 전체를 체크한 후 [다음]을 탭합니다. [가입하기]의 [TikTok ID 만들기]에 원하는 ID를 입력하고 [가입하기]를 탭하면 가입이 끝납니다.

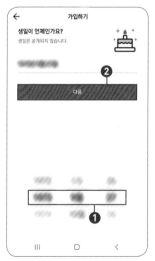
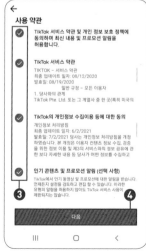

01 내 스마트폰에 설치된 틱톡 앱을 실행한 후 사용 약관에 모두 동의하고 관심사를 선택합니다. [프로필]-[가입하기]를 탭한 후 [전화 또는 이메일 사용]을 탭합니다. 생년월일을 선택하고 사용 약관에 전체 동의합니다. [가입하기]의 [이메일]에서 원하는 이메일 주소를 입력하고 [다음]을 탭합니다.

02 [인증하여 계속:]에서 퍼즐 조각을 드래그하여 제자리로 끌어와 맞춘 후에 [가입하기]에서 비밀번호를 만들고 [TikTok ID 만들기]에서 원하는 아이디를 입력하면 가입이 완료됩니다.

틱톡 가입

02 틱톡 화면 아이콘 기능 익히기

이제 나만의 틱톡 채널이 생겼으니 빨리 영상을 올려보고 싶겠지만 우선 틱톡 화면의 아이콘 부터 알아두는 것이 좋아요.

❶ **팔로잉** : 팔로잉을 탭하면 내가 팔로우한 사람들의 가장 최근 영상을 볼 수 있습니다.

❷ **추천** : 틱톡 AI 시스템이 사용자가 좋아할 만한 동영상을 선정해서 보여줍니다.

❸ **홈** : 홈 버튼은 다른 페이지를 보다가 다시 틱톡 첫 화면으로 돌아갈 수 있는 아이콘입니다.

❹ **검색** : 돋보기 모양의 아이콘을 탭하면 관심 있는 틱톡 아이디와 해시태그, 챌린지, 모든 음원 등을 검색할 수 있습니다.

❺ **촬영** : 플러스 모양의 아이콘을 탭하면 새로운 영상을 촬영할 수 있습니다. 해당 버튼을 이용해 촬영하는 방법은 60쪽에서 자세히 설명합니다.

❻ **알림** : 편지 봉투처럼 생긴 아이콘은 나와 관련해 틱톡에서 일어난 모든 활동을 알려줍니다. 나에게 새로운 팔로워가 생기거나 다른 틱톡 유저가 내 동영상에 '좋아요'를 누르고 댓글을 달면 그때마다 알림이 표시됩니다.

> **Tip**
>
> 틱톡의 모든 활동이 아닌 특정 활동에 대해서만 알림을 받고 싶다면 원하는 활동만 선택하면 돼요. 예를 들어 '좋아요'와 '댓글' 알림만 받고 싶다면 해당 부분에 체크해 주세요.

❼ **나** : 사람 모양의 아이콘을 탭하면 마이페이지로 들어갈 수 있습니다. 프로필 사진과 틱톡 아이디, 닉네임, 팔로잉과 팔로워, 좋아요 수를 확인할 수 있습니다.

> 🖼에서는 내가 올린 영상들과 내가 좋아요를 누른 영상들, 나만 볼 수 있도록 비공개 설정한 영상들도 마이페이지에서 확인할 수 있어요.

❽ 프로필 : 맨 위 동그란 아이콘은 현재 틱톡 화면에 재생되는 영상의 틱톡커 프로필 사진입니다. 틱톡 영상을 보다가 해당 영상의 틱톡커가 궁금하거나 팔로워하고 싶다면 이 아이콘을 탭합니다.

❾ 좋아요 : 하트 모양의 아이콘은 '좋아요'라는 뜻을 전달할 수 있는 기능입니다. 마음에 드는 영상에 하트 아이콘을 탭하면 빨간색으로 변합니다. 하트 아이콘 밑에는 하트 아이콘을 탭한 좋아요 수가 나타납니다. 만약 좋아요를 취소하고 싶다면 하트 아이콘을 다시 탭하면 됩니다.

NOTE 틱톡 맞춤 영상 추천받는 법!

틱톡 영상을 보다가 내 취향이 아니거나 마음에 들지 않는 영상이 있다면 영상 화면을 길게 탭합니다. 하단에 창이 나타나면 '관심 없음'을 탭합니다. 그러면 이와 비슷한 동영상의 추천 횟수가 줄어듭니다.

❿ 댓글 : 영상에 대한 의견을 남길 수 있는 댓글 아이콘입니다. 글이나 아이콘으로 댓글을 달 수 있으며 해당 영상에 댓글이 얼마나 달렸는지도 볼 수 있습니다.

⓫ 공유 : 화살표 아이콘은 공유할 수 있는 기능으로, 마음에 드는 영상을 내가 팔로잉한 틱톡커나 친구에게 보낼 수 있습니다. 카카오톡, 인스타그램, 페이스북, 문자 메시지 등 다양한 채널로 공유할 수 있으며 '링크 복사' 기능도 있습니다. 공유를 탭하면 창에 '신고', '관심 없음', '동영상 저장', '듀엣', '이어찍기' 등의 메뉴가 나타나므로 문제가 있는 영상을 신고도 할 수 있고, 좋아요의 반대인 '관심 없음'도 보낼 수 있고, 동영상 저장(해당 틱톡커가 저장을

허락한 경우)도 할 수 있습니다. 또 다른 틱톡커의 영상을 활용해 '듀엣', '이어찍기'등의 기능으로 새로운 영상을 제작할 수도 있습니다. 이외에도 '즐겨찾기에 추가', 해당 영상을 라이브 배경으로 활용하는 '라이브 배경', 'GIF로 공유'도 할 수 있습니다.

⑫ **사운드** : 해당 영상의 사운드 정보를 확인할 수 있는 기능입니다. 사운드 아이콘을 탭하면 이 사운드를 바로 사용해서 촬영할 수 있고 사운드를 즐겨찾기 해둘 수도 있습니다. 그리고 이 사운드가 사용된 다른 틱톡 영상들도 다양하게 볼 수 있습니다.

탭

틱톡 화면 아이콘

03 틱톡 채널 만들기

틱톡 아이콘의 기능을 익혔으면 이제 본격적으로 틱톡을 시작해 보겠습니다. 먼저 마이페이지를 새롭게 만들어 보겠습니다. 마이페이지는 틱톡에서 자기소개를 할 수 있는, 내 얼굴과 내가 올린 영상들을 보관하는 온라인상의 내 집이라고 할 수 있습니다. 오른쪽 맨 아래에 있는 사람 모양의 '나' 아이콘을 탭하면 마이페이지가 나타납니다.

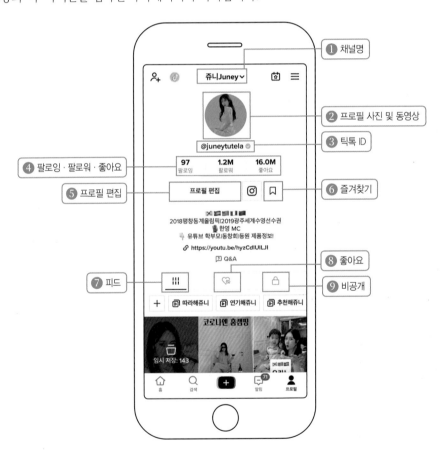

❶ **채널명** : 맨 위의 쥬니Juney라는 부분은 닉네임을 알려줍니다. 자신이 어필하고 싶은 이미지나 자신의 틱톡 영상의 주제가 되는 단어를 닉네임으로 표현해 봅니다. [프로필 편집]의 '이름'을 탭해 원하는 이름을 입력하거나 수정할 수 있습니다.

❷ **프로필 사진 및 동영상** : 사진 변경 혹은 동영상 변경 시 자신이 원하는 형태의 프로필을 선택합니다. 사진은 틱톡에서 바로 촬영 하거나 핸드폰 갤러리에서 선택할 수 있는데, 업로드하려면 20×20 픽셀 이상이어야 합니다. 동영상의 경우 촬영은 안 되고 갤러리에서 선택해야 합니다.

❸ **틱톡 ID** : 프로필 사진 아래에 있는 @juneytutela가 바로 내 틱톡 ID입니다. 다른 닉녹거가 나를 태그하거나 찾는 데 사용할 수 있는 아이니입니다. 회원 가입할 때 만든 틱톡 ID가 마음에 들지 않는다면 [프로필 편집]을 탭해 'TikTok ID'에서 변경할 수 있습니다. 참고로 틱톡 ID는 30일마다 변경할 수 있습니다.

❹ **팔로잉·팔로워·좋아요** : '팔로잉'에는 내가 팔로우한 사람들의 수, '팔로워'에는 나를 팔로우한 사람들의 수, '좋아요'에는 내가 올린 영상을 보고 다른 틱톡커들이 하트를 누른 수가 나타납니다.

❺ **프로필 편집** : 메인 사진과 동영상을 변경할 수 있는 기능입니다. 그외에 자기소개 글도 새롭게 작성할 수 있고, 자신의 인스타그램, 유튜브, 트위터 채널을 프로필에 추가하는 기능도 있습니다. 자신이 원하는 채널을 틱톡 계정과 연동해 놓으면 틱톡과 함께 다른 SNS 채널에서도 팔로워를 늘릴 수 있습니다.

❻ **즐겨찾기** 🔖 : 틱톡에서 즐겨찾기한 모든 것들이 보관돼 있는 곳입니다. 즐겨찾기한 동영상부터 해시태그, 사운드, 편집효과 등을 볼 수 있습니다.

❼ **피드** ▦ : 자신의 계정으로 올린 영상을 순서대로 보여주는 곳입니다. 보고 싶은 영상 하나를 탭하면 전체 화면으로 크게 볼 수 있고, 화면을 위로 살짝 밀면 그 전 영상들도 계속 볼 수 있습니다.

❽ **좋아요** ♡ : 내가 하트를 탭한 영상들이 모여 있는 곳입니다. 나의 틱톡 마이페이지를 찾아온 틱톡커들에게 내가 어떤 영상을 좋아하는지 알려줄 수 있습니다.

❾ **비공개** 🔒 : 열쇠 아이콘은 나의 비공개 영상들이 저장된 곳입니다. 내가 제작한 영상을 나만 볼 수 있게 하려면 영상의 '개인 정보 보호 설정'에서 '비공개'로 설정해야만 합니다.

04 틱톡으로 촬영하기

틱톡은 초보자도 쉽게 촬영할 수 있는 촬영 기능을 제공하는 것이 장점입니다. 아이콘을 한 번만 탭하면 고급 촬영 기술을 그대로 내 영상에 적용할 수 있어 촬영에 재미를 느낄 수 있을 것입니다. 49페이지의 ❺ 촬영을 탭하면 다음과 같은 화면이 나옵니다.

❶ **동영상 길이** : 틱톡 화면 아래 중앙에 있는 사각 플러스 버튼을 딥하면 촬영 모드로 바뀝니다. 시간에 따라 3분, 60초, 15초가 있습니다. 원하는 시간을 선택하고 [편집효과]를 탭해 테마를 고른 후 빨간색의 녹화 버튼을 탭해 촬영합니다.

❷ **사운드** : 맨 위 중앙에 음표와 함께 있는 사운드를 탭하면 촬영할 영상의 사운드를 설정할 수 있습니다. 영상의 몰입도와 재미를 더욱 극대화시키는 사운드는 어떤 것을 고르느냐에 따라 같은 영상도 다른 효과를 낼 수 있습니다. 따라서 무엇보다 사운드 선택이 중요합니다.

- **사운드 파트**: 틱톡에서 추천하는 음악부터 주간차트, 주간급상승, #댄스/팝, OST, #뷰티/ 패션, # Tlog, 2000년대 인기곡, 포크/인디 등 장르와 테마별로 사운드가 세세하게 잘 나눠져 있습니다. 그리고 원하는 사운드를 검색해서 찾을 수도 있습니다.
- **재생 목록 파트**: 최신음악, 일렉트로닉, 해외, 포크/인디, 랩/힙합, 틱톡 Trends 등 영상에 어울리는 주제별 사운드가 추천돼 있는데, 옆의 '모두 보기'를 탭하면 주제별 사운드를 모두 볼 수 있습니다.

사운드 추가 전 재생을 탭해 사운드를 미리 확인하거나 사운드를 저장할 수 있으며 사운드가 마음에 든다면 확인을 선택해 동영상에 사운드를 추가합니다. 편집 시에도 업로드한 영상에 사운드를 추가할 수 있습니다.

> **Tip**
>
> 사운드를 하나하나 들어보면서 현재 사용할 사운드를 고르고, 나중에 쉽게 사용하거나 찾을 수 있도록 사운드를 미리 즐겨찾기에 추가해 놓는 것이 좋아요. 사운드가 마음에 들었다면 꼭 즐겨찾기해 놓으세요.

❸ **전환** 🔲 : 화면 오른쪽 맨 위 카메라 전환 아이콘은 스마트폰 카메라의 방향을 설정할 수 있는 기능입니다. 카메라 전면을 사용할지, 후면을 사용할지 선택해 촬영합니다. 전면, 후면으로 원하는 카메라 방향을 설정할 수 있습니다.

❹ **속도** 🔲 : 촬영 속도를 설정할 수 있는 아이콘입니다. 0.3배속, 0.5배속, 1배속, 2배속, 3배속의 5가지 속도 중에서 선택할 수 있습니다. 표준 촬영 속도는 1배속, 슬로 촬영을 원한다면 0.3이나 0.5배속, 빠른 촬영을 원한다면 2나 3배속을 선택하면 됩니다. 녹화하는 동안 화면을 확대하거나 축소할 수도 있습니다.

❺ **필터** 🔲 : 틱톡 촬영의 장점 중 하나인 필터 기능을 더할 수 있는 아이콘입니다. 촬영부터 필터를 적용할 수 있는데, 인물, Tlog, 풍경, 푸드, 바이브 크게 5가지 종류가 있습니 다. 필터는 영상 주제에 따라 선택하면 되고 각 종류별로도 7~30가지 이상의 필터가 준비되어 있으니 필터 종류를 하나하나 적용해 보고 내 영상에 잘 어울리는 필터를 사용해 촬영합니다.

Tip

필터를 많이 적용하다 보면 내 얼굴이나 영상에 찰떡처럼 잘 맞는 나만의 필터를 찾을 수 있어요. 필터는 계속 업그레이드되니 새로운 필터가 나올 때마다 활용해 보는 것도 좋아요.

❻ **뷰티** 🔲 : 얼굴 모양은 바로 뷰티 기능을 적용할 수 있는 아이콘입니다. 사진이든 영상이든 보정은 필수입니다. 틱톡 영상도 촬영과 동시에 보정 기능을 더해 좀 더 예쁘게 촬영할 수 있습니다. 얼굴형부터 눈 크게 키우기, 코 좁히기, 치아 환하게 만들기 등의 보정과 생얼도 자신 있도록 블러셔, 립스틱, 아이섀도 메이크업 기능이 있습니다. 메이크업을 탭하면 아예 원하는 스타의 메이크업 스타일로 변신시켜 줍니다.

Tip

영상을 찍기 전 원본을 지나치게 보정하는 것은 아닌지 한 번 체크해 보세요. 너무 과한 보정은 어색한 느낌이 들어 자칫 보는 사람도 불편할 수 있어요. 하지만 콘셉트에 따라 필터를 사용해 과정된 효과를 연출할 수도 있어요.

틱톡 요소 촬영

❼ **타이머**  : 혼자 촬영할 때 녹화 버튼을 탭하지 않고 타이머를 사용해 동영상을 촬영할 수 있습니다. 시계 아이콘을 탭하면 3초, 10초 촬영 시작 타이머가 설정되고 그에 맞게 카운트 다운 후 녹화가 시작되는데, 촬영 버튼을 탭하면 언제든지 촬영을 중지할 수 있습니다. 또 틱톡에서 제안하는 15초, 60초가 아닌 내가 원하는 지점에서 촬영을 종료할 수 있게 설정할 수도 있습니다. 하단에 생성된 시간 바를 좌우로 밀어 녹화 시간 한도를 설정할 수 있습니다.

❽ **플래시** : 화면 오른쪽 맨 아래 번개 아이콘은 플래시 기능입니다. 어두운 곳에서 촬영할 때 조명이 없어도 플래시 기능을 켜면 밝게 촬영할 수 있습니다. 후면 카메라를 이용할 때만 사용할 수 있으며 셀카 모드에서는 사용하지 못합니다.

❾ **편집효과** : 틱톡 화면 왼쪽 하단에는 편집효과 기능이 있습니다. 이 효과를 적용해 촬영하면 후반 편집 작업 시간과 수고를 덜 수 있습니다. 귀여운 얼굴 모양의 편집효과를 탭하면 요즘 가장 핫한 편집효과를 모아 놓은 HOT부터 New, Meme, Game, Tlog, Funny, Cute, Makeup, Hair, Fashion, Animal, AR의 12가지 큰 카테고리가 나타납니다. 각각의 종류도 셀 수 없이 많습니다. 마음에 드는 편집효과를 즐겨찾기에 추가하면 나중에 쉽고 빠르게 찾아쓸 수 있습니다. 즐겨찾기에 추가할 편집효과를 선택해 화면에 표시된 북마크를 탭하면 됩니다. 편집효과를 제거하려면 편집효과로 이동해 다시 북마크를 탭하면 사라집니다.

Tip

각 주제별 단어 위에 빨간색 점이 찍힌 것은 새로운 편집 기능이 업그레이드됐다는 표시예요. 요즘 틱톡커들 사이에서 인기 있는 편집효과 기능부터 하나하나 촬영해 보고 나만의 편집효과 기능을 찾아보는 것도 좋은 방법이에요.

⑩ **업로드** : 틱톡 화면 오른쪽 하단에는 업로드 아이콘이 있습니다. 내 스마트폰에 저장된 동영상과 사진을 선택한 뒤 그대로 혹은 편집해서 틱톡에 올릴 수 있는 기능입니다. 틱톡에서 영상을 찍은 뒤 다른 편집 앱에서 편집해 이 업로드를 통해 올리는 방법도 있습니다.

⑪ **삭제** : 촬영한 영상이 마음에 들지 않거나 다시 촬영하고 싶을 때 틱톡 왼쪽 상단에 있는 ☒ 를 탭합니다. 촬영한 영상은 모두 자동 삭제됩니다.

⑫ **카메라, MV 모드, 라이브** : 촬영 시 설정할 수 있는 모드의 종류로, '카메라 모드'는 기본 촬영 모드로 원하는 편집효과를 넣어서 촬영할 수 있습니다. 'MV 모드'는 틱톡에서 제공하는 다양한 효과에 맞는 사진을 넣으면 해당 카테고리에 어울리게 자동으로 영상을 만들어줍니다. 마지막으로 '라이브 모드'는 실시간 생방송을 할 수 있는 곳으로 라이브를 하는 동안 추천에 올라갈 가능성도 있으며, 호스트를 초대해 함께 방송을 하면 재미있는 콘텐츠가 될 수도 있습니다.

Tip

중국 틱톡 앱인 더우윈의 라이브에는 커머스 기능이 있어 제품 소개와 더불어 판매까지 가능합니다.

01 틱톡 메인 화면 아래 중앙에 있는 플러스 버튼을 탭합니다. 하단에 있는 15초, 60초, 3분 모드 중 원하는 것을 선택합니다. 틱톡 첫 영상 촬영이라면 15초부터 시작해 보겠습니다.

02 이제 사운드를 선택할 차례입니다. 화면 위에서 [사운드 추가]를 탭해 원하는 음악을 선택합니다. 이제 영상의 재생 속도를 조절하기 위해 화면 오른쪽 메뉴 중 속도를 선택하고, 기본 1x으로 설정합니다. 영상 재생 속도에 맞춰 사운드 속도도 조절됩니다. 또 오른쪽 메뉴 중 필터 또는 뷰티를 선택하세요.

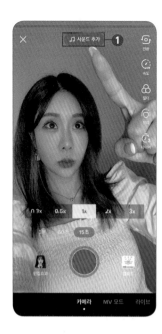

03 화면 아래의 메뉴에서 [얼굴], [메이크업]을 본인의 얼굴이 가장 예쁘게 보일 수 있도록 선택해 보정할 수 있습니다. 필터 또한 가장 잘 어울리는 필터를 선택해 적용할 수 있습니다.

Tip

이때 효과를 너무 과하게 적용하면 얼굴이 부자연스럽거나 배경이 메이크업 효과 때문에 울퉁불퉁해질 수도 있으니 주의하세요.

04 재밌는 편집효과 기능을 골라봅니다. 빨간색 녹화 버튼 옆의 '편집효과'를 탭한 후 원하는 효과를 선택합니다. 여기서는 [Trending]의 "땀나"와 "그림자 분신술"을 적용해 보겠습니다.

Tip

요즘 틱톡커들 사이에서 핫한 편집 효과를 선택하는 것도 좋고, 편집 기능이 다양하니 내가 좋아하는 편집효과를 즐겨찾기 해놓으면 편리해요.

05 카메라를 삼각대에 세워 놓고 혼자 촬영할 경우 타이머 기능은 필수입니다. 오른쪽의 메뉴 중 타이머 버튼을 탭한 후 3s, 10s로 설정할 수 있습니다.

선택

Tip

이동 거리가 길거나 준비할 것이 많다면 10s를 설정합니다.

06 이제 빨간색 버튼을 탭해 촬영을 시작합니다. 촬영이 끝나면 빨간색 버튼 오른쪽에 있는 체크 버튼을 탭해 영상 편집으로 넘어갑니다.

Tip

상단에 위치한 바가 파란색으로 점점 채워지고, 아래 빨간색 버튼 이 사각형으로 변했다면 촬영이 잘 되고 있다는 뜻이에요. 녹화를 멈추고 싶다면 네모 버튼을 탭하 고, 다시 시작하고 싶다면 빨간색 동그라미 버튼을 탭해 다시 녹화 를 시작해요.

07 촬영한 사진이 마음에 들지 않고 다시 찍고 싶다면 바로 옆의 ✕를 탭해 영상을 삭제 하고 뒤로 돌아가 처음부터 다시 촬영합니다. 마음에 들었다면 촬영한 영상으로 편집을 해 봅니다.

▲ 영상 삭제 전

▲ 영상 삭제하기

05 틱톡 영상 편집하기

좀 더 업그레이드된 틱톡 영상을 위해 편집 기능을 배워 보겠습니다. 촬영 때 사운드나 필터, 뷰티, 편집효과 등을 적용했다면 자막을 넣는 편집을 하면 됩니다. 편집효과는 동영상 촬영 전 후에 할 수 있지만 일부 편집효과는 녹화 전 혹은 후에만 할 수 있으니 유념해두기 바랍니다. 촬영 기능과 겹치는 것들이 많아 편집은 손쉽게 배울 수 있습니다.

⑤ 필터
⑥ 클립 조정
⑦ 음성 효과
⑧ 보이스오버
❶ 사운드
❷ 편집효과
❸ 텍스트
❹ 스티커

❶ **사운드**  : 사운드를 탭하면 다음 그림과 같이 하단에 [추천됨], [즐겨찾기]가 나타납니다. [추천됨]에는 틱톡 인기 음원이 나오는데, 이 음원들을 사용하면 틱톡 추천 영상에 뜰 확률이 높습니다. [추천됨]에 원하는 곡이 없다면 맨 왼쪽에 [자세히]를 탭해 사운드 페이지의 [검색]의 추천과 주간차트, 주간급상승, 댄스/팝 등 다양한 분야의 음원 중에서 원하는 음원을 선택합니다. 원하는 음원이 있다면 검색도 가능합니다.

★★★
NOTE 저작권 주의! 허가된 상업적 사운드 사용하기

사운드 페이지에는 '상업적 사운드'라는 것이 있습니다. 여기에는 상업 목적으로 만든 광고 음원이나 영상 등이 있을 수 있으므로 저작권 문제에 주의해 '상업적 사운드'에 있는 허가된 음원만 사용해야 합니다.

❷ **편집효과** : 촬영한 영상에 좀 더 디테일한 효과를 주고 싶을 때 사용하는 기능입니다. 비주얼(Visual), 트랜지션(Transition), 스티커(Sticker), 스플릿(Split), 시간의 5가지 종류가 있습니다.

- **비주얼(Visual)** : 편집효과는 영상에 줌 아웃(Zoom out), 스모그(Smog), 별이 반짝이는 스타(Star) 등 40여 가지의 편집효과를 줄 수 있는 기능이 있습니다. 적용할 편집 기능을 선택한 뒤 원히는 동영상 구간에 드래그해서 선택하면 바로 적용됩니다.
- **트랜지션(Transition)** : 한 영상에서 다른 영상으로 넘어갈 때 전환 효과를 주는 편집효과입니다. 원하는 구간마다 여러 번 탭해 트랜지션을 반복할 수 있습니다.
- **스티커(Sticker)** : 캐릭터의 얼굴이나 화면 효과 장식을 줄 수 있는데, 화면에 1개의 스티커만 적용할 수 있습니다.
- **스플릿(Split)** : 영상을 분할하는 효과로, 2~9분할까지 영상을 나눌 수 있습니다.
- **시간** : 역방향, 반복, 슬로 모션처럼 시간을 조절할 수 있는 효과로, 영상에 적용할 구간을 선택한 뒤 원하는 시간 효과를 탭하면 바로 적용됩니다.

틱톡 코리아에서 편집효과 기능을 지속적으로 업데이트하고 있으니 새로운 효과를 적용해 재밌는 나만의 영상을 만들어 보는 것도 좋습니다.

▲ 비주얼

▲ 트랜지션

▲ 스티커

▲ 스플릿

▲ 탭하여 시간 효과 사용

Tip

틱톡에서 자주 사용하는 편집효과는 금빛가루를 뿌려주는 골드 파우더(Gold Powder), 클릭하면 반짝이를 생성해 주는 블링(Bling), 노이즈 효과를 주는 글리치(Glitch), 말 그대로 연기 자욱한 효과를 주는 스모그(Smog)예요.

❸ **텍스트** Aa : 바로 자막을 넣을 수 있는 기능입니다. 아이콘을 탭하면 화면에 커서가 생기면서 원하는 자막을 설정할 수 있는 화면이 나타납니다. 어떤 자막을 넣을지 생각했다면 원하는 글꼴과 텍스트 색상을 선택하고 글자를 입력한 후 [완료]를 탭합니다. 자막을 탭한 상태로 드래그해서 동영상의 원하는 위치로 텍스트를 이동합니다.

텍스트 크기는 손가락으로도 쉽게 변경할 수 있습니다. 텍스트를 탭한 상태에서 손가락으로 글자를 모으거나 늘려 원하는 텍스트 크기로 조정할 수 있습니다.

Tip
틱톡은 한 번 올린 영상이나 글은 수정이 안되므로 한 번 영상을 만들고 글이나 해시태그를 넣을 때 오타는 없는지 내 글이 영상과 잘 맞는지 꼭 확인하세요.

❹ **스티커** ◉ : 스티커를 탭하면 수많은 스티커와 이모티콘이 있습니다. 날짜, 시간부터 내가 원하는 스티커까지 검색을 통해 찾아서 사용할 수 있습니다. 스티커를 선택하면 바로 반영이 되고, 스티커를 탭하면 위치와 시간도 설정할 수 있습니다. 만약 적용할 텍스트와 스티커를 삭제하고 싶다면 삭제할 부분을 길게 탭한 뒤 동영상 상단으로 이동하면 삭제 글씨가 적힌 쓰레기통 아이콘이 나타납니다. 쓰레기통이 빨간색으로 바뀔 때마다 해당 스티커를 드래그하면 삭제가 완료됩니다.

Tip
스티커는 투표와 라이브 공지와 같이 시청자와 소통하는 수단으로도 사용할 수 있어요. 시청자는 라이브 공지 스티커를 탭해 원하는 방송 알림을 받을 수 있습니다.

❺ **필터**  : 틱톡 영상 촬영 단계에서 배운 필터와 같습니다. 촬영할 때는 물론 편집 후에도 필터를 사용할 수 있지만 보정 기능인 뷰티 효과는 촬영 후 편집 단계에는 없으니 촬영할 때 필요하다면 꼭 뷰티 기능을 적용하고 촬영합니다.

❻ **클립 조정** ⏱ : 영상을 촬영한 후 클립 조정을 탭하면 다음 그림과 같이 하단에 빨간색 바가 나타납니다. 영상의 길이를 조절할 수 있는 바로, 앞뒤로 드래그해 원하는 부분의 영상을 만들 수 있습니다. 대개 영상의 길이를 앞만 자르거나 뒤만 자르거나 앞뒤를 동시에 자를 때 사용합니다. 만약 사운드에 맞춰서 촬영했는데 다시 보면 타이밍이 맞지 않을 때 드래그 하여 클립 조정을 해 사운드에 맞게 영상을 편집할 수 있습니다. 한 영상에서 다른 영상으로 넘어갈 때 전환 효과(반전 효과)를 주는 셀프 트랜지션(Transition)에 유용하게 사용됩니다. 틱톡에서 영상 촬영 시 영상을 길게 촬영할 경우 자를 수는 있지만 너무 짧게 촬영하면 컷이 모자라서 다시 촬영해야 한다는 점을 기억하기 바랍니다.

Tip

왼쪽 그림의 하단과 같이 각 컷 도 탭해서 길이를 조절할 수 있 습니다(왼쪽 사진).

Tip

편집시 재촬영을 원할 경우 오 른쪽 그림 하단의 휴지통을 탭 한 후 다시 시작을 탭해 촬영할 수 있습니다(오른쪽 사진).

❼ **음성 효과** 🔊 : 영상에서 촬영한 음원에 다양하고 재밌는 음성 효과를 줄 수 있는 기능입니다. 다람쥐, 중저음, 마이크, 확성기, 로봇, 헬륨가스, 에코 등 13가지 음성 효과가 준비돼 있습니다. 원하는 음성 효과 기능을 탭하면 바로 적용할 수 있습니다.

❽ **보이스오버** : 촬영한 영상에 새롭게 목소리를 추가로 녹음할 수 있는 음성 기능입니다. 영상을 보면서 탭을 길게 누르고 목소리를 녹음하면 원하는 영상 구간에 새롭게 목소리를 입힐 수 있습니다. 하단에 있는 오리지널 사운드 유지를 체크하면 촬영 때 더해진 사운드가 유지되고, 체크하지 않으면 오리지널 사운드는 삭제되고 새로 녹음된 목소리만 영상에 추가할 수 있습니다.

▲ 음성 효과   ▲ 보이스오버

 다양한 편집 앱 소개

틱톡 앱 안에서도 편집이 가능하지만 영상을 만들수록 더 다양한 편집이 하고 싶을 때가 옵니다. 실제 많은 틱톡커분들도 처음엔 틱톡앱 편집을 사용하다 새로운 편집 앱들을 찾습니다. 처음에는 어떤 앱을 사용해야 할지 몰라서 무작정 다 다운로드 받아서 이것저것 사용해봤습니다. 기능이 쉬우면서 멋진 기능들이 많은 앱들을 소개하겠습니다.

- VivaVideo : 제가 틱톡을 시작하고 완전 초창기때 사용한 앱입니다. 편집 레이어가 하나여서 초보자가 사용하기 쉽고 다양한 BGM과 효과로 멋진 영상을 만들기 적합합니다. (난이도 하)
- VLLO : 편집 레이어가 여러 개가 있어 레이어 구분이 쉽고 편집하기 편합니다. VivaVideo에 비해 조금 더 업그레이드된 편집이 가능합니다. (난이도 중)
- Videoleap : 레이어는 하나지만 기본 컷 편집부터 마법같은 효과까지 편집이 가능한 앱입니다. (난이도 상)
- CapCut : 특수효과가 가장 많은 편집 앱로 많은 틱톡커분들이 다양한 특수효과를 내기 위해 사용하는 앱입니다. (난이도 중)
- Meitu : 뷰티 앱처럼 촬영 후 얼굴보정과 머리색 변경 등 화질을 떨어뜨리지 않으면서 편집할 수 있는 앱입니다. (난이도 중)
- Vita : 편집을 아예 모르는 사람도 특수효과가 들어간 편집을 할 수 있는 앱입니다. 이미 앱내에 만들어진 템플릿에 내영상 혹은 사진만 업로드하면 자동적으로 영상을 만들어줍니다. (난이도 하)

06 틱톡 영상 게시하기

영상 촬영과 편집까지 완료됐다면 이제 틱톡 영상을 게시하는 방법을 배워 보겠습니다. 영상을 잘 제작했더라도 어떻게 동영상 커버를 장식하고, 글을 쓰고 #(해시태그)를 다느냐에 따라서 조회 수가 달라질 수 있습니다. 동영상 커버는 마이페이지에 내가 올린 모든 영상의 대문이라고 생각하면 됩니다.

1 동영상 커버 만들기

▲ 틱톡 영상 커버 예

동영상 커버는 마이페이지에서 내 영상이 게시되는 부분에 표시되는 영상 첫 화면을 말합니다. 내 틱톡에 찾아온 시청자들이 이 커버를 확인한 후 보고 싶은 영상을 탭해서 보게 됩니다. 어떤 자막과 영상으로 커버를 꾸미느냐에 따라 조회 수가 달라질 수 있습니다. 완성된 새 영상을 게시하기 전에 동영상 커버를 잘 꾸며봅시다.

01 게시 페이지에서 동영상 [커버 선택]을 탭합니다. 하단의 창에서 동영상 커버 하단 프레임 중 원하는 프레임을 선택합니다. 선택한 프레임은 피드에 사진으로 보이지 않고 0.2초 정도 움직여 보입니다. 최대한 하이라이트 부분 혹은 궁금증을 유발할 만한 프레임을 선택합니다.

Tip

타이틀은 '신랑한테 몰카', '우태한테 몰카', '심수련 메이크업'과 같이 짧게 키워드만 적어주세요. 커버 글씨 기능은 앞에서 배운 자막 기능과 비슷하며 프레임, 글씨체, 크기 등 모두 변경할 수 있어요.

02 커버 제목이 완료됐으면 이제 위치를 잘 잡아야 합니다. 커버 제목을 움직이면 자동으로 파란색 수평선이 생기면서 자리를 잡아줍니다.

② 틱톡 영상 캡션 쓰기

영상을 설명하는 글은 가능한 한 짤막하고 핵심적인 키워드 중심으로 쓰는 것이 좋습니다. 여기에 위트가 더해지면 금상첨화라 할 수 있습니다. 영상을 검색했을 때 추천할 수 있는 해시태그도 달아줍니다.

[게시] 페이지에서 '#해시태그' 아이콘을 탭하면 # 아이콘이 바로 생겨서 원하는 해시태그를 입력할 수 있습니다. '@친구'를 탭하면 친구의 틱톡 ID 혹은 닉네임을 검색해 찾을 수 있고, 이미 맞팔로우한 경우라면 친구 목록에서 선택하면 됩니다.

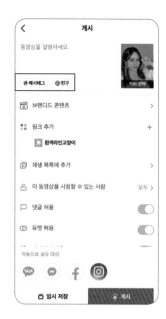

알아두면 좋은 분야별 해시태그

해시태그의 경우 크리에이터마다 스타일이 다릅니다. 아예 해시태그를 넣지 않기도 하고 또 연관 해시태그 몇 가지만 넣기도 합니다. 초보자라면 영상 노출을 위해 해시태그를 최대한 많이 다는 걸 추천합니다.

매주 틱톡에서 업데이트되는 '틱톡 차트'가 있습니다. 각 분야별 영상을 소개하는데 이 차트에 올라가기 위해서 꼭 사용해야 하는 해시태그들이 있습니다. 한 번 알아볼까요?

- 푸드 : #핵인싸레시피
- 뷰티 : #틱톡뷰티
- 패션 : #틱톡패션
- Tlog : #tlog
- 스포츠 : #틱톡스포츠
- 교육 : #틱톡쌤
- 게임 : #롤매드무비
- 동물 : #미스터애니멀
- 몰래카메라 : #틱톡몰카
- 대학생활 : #이십생활

▲ 틱톡 영상 카테고리

75

3 영상 허용 옵션 선택하기

이제 이 동영상을 시청할 수 있는 사람, 댓글 허용과 듀엣, 이어찍기 허용 여부를 결정합니다. '이 동영상을 시청할 수 있는 사람'을 탭하면 틱톡의 모든 사용자에게 시청 권한을 주는 [모두], 맞팔로우하는 팔로워에게만 허용하는 [친구], 그리고 나에게만 표시되는 [비공개]를 선택할 수 있습니다. 팔로워를 늘리고자 하는 틱톡 초보자라면 모든 사용자에게 내 영상을 보여주는 [모두]를 선택합니다.

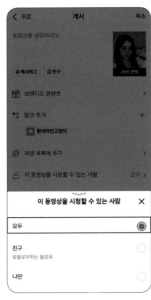

그리고 영상에 대한 댓글을 받고 싶다면 버튼을 오른쪽으로 옮겨 ON 상태로 만들고, 댓글을 받고 싶지 않다면 OFF 상태로 설정합니다. 다른 사람이 내 영상을 활용해 새로운 영상을 만드는 듀엣 허용과 이어찍기도 마찬가지입니다. 또 틱톡에 올린 영상을 자동으로 카카오톡과 페이스북, 인스타그램에 공유하는 기능을 선택할 수 있습니다. 다른 SNS 채널에 틱톡 영상을 공유해 내 틱톡으로 다른 SNS 유저들을 불러 모으는 것도 좋은 방법입니다. 여기까지 모두 마쳤다면 화면 하단에 있는 빨간색 [게시] 버튼을 탭합니다.

4 재생 목록에 추가하기

재생 목록이란 틱톡 프로필 밑에 생기는 재생 목록을 이야기합니다. [재생 목록에 추가] 탭을 누르면 [새 재생 목록]을 만들어서 넣을지 아니면 기존에 존재하는 폴더에 해당 영상을 넣을지 선택할 수 있습니다. [완료] 버튼을 탭합니다.

이미 업로드된 영상들을 새로운 폴더를 만들어서 재생 목록에 넣고 싶다면 내 프로필 밑에 부분에 [+]를 탭합니다. 그리고 [재생 목록 이름 입력]란에 새로운 재생 목록 이름을 입력하고 [다음]을 탭합니다.

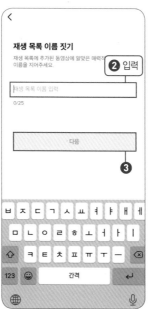

틱톡 요사 이틀

기존 공개 중인 영상들 중에 내가 원하는 영상을 선택한 후 [다음]을 탭하면 새로운 재생 목록 영상의 순서도 내가 원하는대로 변경할 수 있습니다. [재정렬]이 끝났으면 [재생 목록 만들기]를 탭하면 완성이 됩니다.

만약 추후 재생 목록을 편집하고 싶거나 이름을 변경하거나 아님 삭제하고 싶다면 [...] 점 3개를 탭하면 변경할 수 있습니다.

이렇게 재생 목록이 만들어져서 폴더에 들어간 영상들은 캡션에 노란색으로 재생 목록 이름이 붙게 됩니다.

5 영상 게시 및 임시 저장

영상을 지금 게시하고 싶지 않다면 임시 저장을 해둡니다. 그러면 영상은 내 프로필의 임시 저장 폴더에 저장되며 내가 틱톡에 게시하기 전까지는 나만 볼 수 있습니다. 만약 틱톡을 삭제한 후 다시 틱톡을 설치했거나 계정이 다른 디바이스로 이동했다면 삭제될 수도 있습니다. 임시 저장 영상은 여러 계정 간에 공유하거나 전송할 수 없습니다.

PART 03

쥬니가 알려주는
단계별 틱톡 영상 레슨

쥬니가 11개월 동안 틱토커로 활동하면서 시도했던 다양한 콘텐츠와 채널 성장 노하우를 Level 1부터 Level 10가지로 나눠 소개하려고 합니다. 가이드라인을 따라 다양하게 촬영하다 보면 쥬니보다 빠른 시간 내에 나에게 맞는 콘텐츠를 찾을 수 있을 거예요.

LEVEL 01

- - - - - - - - - - - - - - - -

주간 챌린지
참여하기

#주간챌린지

이제 막 틱톡 영상을 찍고 업로드하기 시작했다면 매주 틱톡 코리아에서 띄워주는 챌린지에 참여해 보세요. 주간 챌린지는 틱톡 추천 영상에도 자주 추천되는 편이므로 조회 수 높이기에 좋습니다.

❶ 남들보다 미리미리 준비해서 영상을 올리자.
❷ 틱톡 추천 영상이 되려면 차별화 전략이 필요하다.

1️⃣ 주간 챌린지로 내 영상을 추천에 노출시키기

▲ 주간 챌린지 예

처음 틱톡을 시작할 경우 추천에서 다양한 콘텐츠를 보게 되지만 막상 어떤 영상을 찍어야 할지 막막하게 느껴질 것입니다. 주간 챌린지는 틱톡에서 제공하는 크리에이터 Newsletter에서 확인할 수 있습니다(138쪽 참고).

예전에는 틱톡이 앞으로 진행될 주간 챌린지 주제를 틱톡 사용자 모두에게 공개하지 않고 틱톡에서 선정한 크리에이터들에게만 미리 알려줬습니다. 그래서 이 챌린지 주제에 맞게 영상을 잘 만들면 그 다음 주에 해당 챌린지 영상을 추천에 띄워줘 조회 수를 높이는 데 큰 도움이 됐습니다. 하지만 지금은 주간 챌린지 주제가 모든 틱톡 사용자에게 공개됩니다.

2 틱톡 챌린지로 메인 노출에 도전하기

Tip

미리 미리 다음 주에 진행될 챌린지를 잘 기획해서 찍어 놓으면 내 영상을 추천에 노출시킬 수 있는 확률을 높일 수 있습니다.

▲ 메인 화면에 소개된 다양한 틱톡 챌린지

틱톡 홈에서 '검색'으로 들어가면 다양한 틱톡 챌린지들을 볼 수 있습니다. 이미 상단에 나와 있는 챌린지를 보고 참여했을 경우엔 메인에 뜰 확률이 낮아집니다. 이 챌린지들은 '주간 챌린지'가 정한 날짜에 진행되기 때문에 챌린지 날짜보다 미리 영상을 찍어서 해당 해시태그를 꼭 사용해서 업로드해야 합니다.

초반에는 영상 노출을 높이기 위해서 '주간 챌린지' 영상을 항상 확인하고 미리 촬영했습니다. 이렇게 영상을 찍어 놓으면 조회 수가 높지 않더라도 틱톡에서 메인 노출을 해줄 때가 있습니다. 그러다 보면 자연스럽게 조회 수도 함께 상승하게 됩니다. 완전 꿀팁이죠?

LEVEL 02

듀엣&이어찍기로 영상 재탄생 시키기

#듀엣 & #이어찍기

듀엣&이어찍기를 활용하면 재밌고 기발한 영상을 만들 수 있어 보는 이들을 즐겁게 할 뿐만 아니라 조회 수도 높아집니다. 듀엣&이어찍기 연출 방법과 주의사항 등을 알아봅니다.

쥬니's **KNOWHOW**

❶ 재밌고 신기한 장면을 연출하는 독특한 아이디어를 생각하사.

❷ 다른 사람의 영상을 활용하더라도 광고 목적으로는 사용하지 말자.

1 듀엣&이어찍기로 영상 재창조하기

틱톡에서는 다른 사람의 영상을 듀엣하거나 이어 찍을 수 있습니다. 이미 많은 사람들이 시청한 영상을 활용해서 리액션을 보여주거나 재밌게 다른 시각의 새로운 영상을 탄생시키고 있습니다. 실제 듀엣과 이어찍기 기능을 활용해서 며칠 만에 몇백만 명의 팔로워가 증가하는 크리에이터분들도 있습니다. 국내에서는 원정맨(@ox_zung)이라는 틱톡커가 이어찍기로 인기가 많습니다. 21.3M의 팔로워가 있으며 세계 각국의 재밌는 영상을 이어찍기로 만들어 재치와 웃음을 줍니다. 위급 시에 마마(MaMa)라고 소리를 지르는 것이 반전 포인트가 돼 인상적입니다. 글로벌틱톡커인 @Khaby.lame은 75.1M의 팔로워가 있으며 이어찍기 영상을 보다 보면 눈을 뗄 수 없을 만큼 재밌었습니다. 진지한 상황을 쉽게 뒤바꿔 버리는 재치와 웃음 코드가 있어서 인기가 많은 것 같습니다. 이렇듯 이어찍기와 듀엣은 전 세계의 다양한 바이럴 영상들을 재창조하는 콘셉트입니다.

2 듀엣&이어찍기로 재밌고 신기한 매력 연출하기

듀엣 같은 경우 다음 그림처럼 내 영상을 왼쪽에 배치할 수도 있지만 오른쪽 혹은 상하에도 배치할 수 있습니다. 다음에 소개되는 영상은 해외에서 어떤 아기 엄마가 아기를 안고 있는 모습을 보여주고 있는데, 듀엣 영상에서 아기 티셔츠 색깔을 물어보고 있습니다. 대부분 남성들이 아기보다는 미모의 엄마에게 집중을 하고 있는 것 같네요.

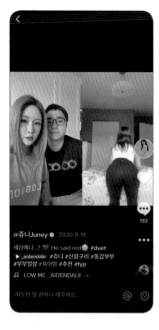
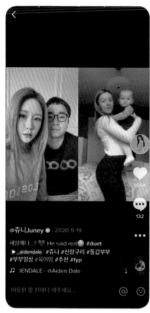

▶ https://vt.tiktok.com/ZSJvrGrcP/

▲ 듀엣 영상

▲ 이어찍기 영상

듀엣 & 이어찍기

@Brody Wellmaker 채널은 듀엣으로 성장한 대표적인 채널입니다. 듀엣한 영상과 한 몸이 된 것처럼 표정과 손짓, 몸짓을 잘 표현했습니다. 스스로 CEO of Upper Half(상반신의 달인)로 지칭할 만큼 상반신 듀엣 연출에 뛰어납니다. 저 또한 듀엣 촬영을 시도해 봤지만, 생각보다 자연스럽게 연결시키기 쉽지 않아 시도만 하고 업로드는 하지 않았습니다.

이어찍기는 말 그대로 다른 사용자의 영상 뒤에 내 영상을 이어찍는 촬영 방식입니다. 원하는 영상에서 최대 5초 길이의 분량을 선택한 후 내 영상을 이어 찍을 수 있습니다. 앞쪽에서 소개한 @Khabane lame이 대표적인 이어찍기 채널입니다.

무작정 따라하기 / **듀엣 촬영하기**

01 듀엣 기능을 사용하면 친구와 함께 동영상을 만들 수 있습니다. 메인 홈 화면 오른쪽 패널 하단에 있는 화살표 모양의 공유 아이콘을 탭합니다. 아래쪽에 사람 얼굴 두 개가 그려진 [듀엣] 아이콘을 선택합니다.

02 바로 틱톡 촬영 모드로 연결되면서 녹화가 시작됩니다. 화면이 반으로 나뉘어 보이시나요? 한쪽 화면은 내가 촬영할 영상 화면이, 다른 화면은 내가 공유한 친구의 영상이 뜰 것입니다. 이때 듀엣 위치화면을 손으로 터치해 변경할 수 있어요. 이 영상과 함께 촬영을 시작하면 듀엣 영상을 제작할 수 있습니다.

 듀엣&이어찍기할 때 주의하세요!

틱톡 사용자가 듀엣 혹은 이어찍기 기능을 허용하지 않은 경우, 촬영을 할 수 없어요. 또 내 영상에 누군가가 듀엣과 이어찍기를 했다면 이 또한 새로운 창작물이기 때문에 나의 원본 영상을 삭제해도 새로 만들어진 영상은 삭제되지 않는다는 점을 기억하세요.

01 이어찍고 싶은 영상이 있다면 메인 홈 화면 오른쪽 패널 하단에 있는 화살표 모양의 공유 아이콘을 탭한 후 듀엣 옆 사각 점선이 들어간 사각의 이어찍기 아이콘을 선택합니다.

02 해당 영상에서 원하는 구간을 선택할 수 있는 편집 기능이 나옵니다. 빨간색 사각 프레임을 조절해 이어찍을 앞부분을 선택한 후 화면 오른쪽 상단의 다음 버튼을 탭합니다. 틱톡 촬영 모드가 뜨고 촬영 버튼을 탭해 이어찍을 영상을 촬영하면 됩니다.

❸ 촬영

03 촬영이 끝난 후 틱톡 화면 하단의 동그란 체크 아이콘을 탭해 완료하면 공유한 친구의 영상과 내가 찍은 영상이 이어져 편집된 이어찍기 영상이 완성됩니다. 그리고 다음 버튼을 탭해 게시하면 끝입니다. 영상 글 쓰는 부분에 공유한 친구의 닉네임과 #이어찍기란 해시태그가 자동으로 생성됩니다.

🙆 끼약! 어때용?! How is my short hair?!
#이어찍기 with ▶juneytutela #쥬니 #juney
헤어컷 #haircutchallnge #momsoftiktok
#육아맘 #fyp #추천

탭

듀엣 & 이어찍기

틱톡에서는 누구나 댄스 영상에 도전할 수 있습니다. 열정과 진심을 담아 트렌드에 맞는 댄스 영상을 만들어 보세요. 본인의 장점을 살려 여건에 맞게 영상을 촬영하면서 상황별 연출과 아이디어를 싣는다면 더 멋진 영상이 만들어질 것입니다.

쥬니's KNOWHOW

❶ 춤을 못 춰도 괜찮다! 진심으로 즐기는 모습을 보여줘라.
❷ 노력과 함께 열정을 쏟아부어라.
❸ 상황에 맞는 연출과 이모지, 적합한 문구를 활용하라.

① 틱톡하면 춤! 틱톡 댄스로 톱스타로 등극하다

사실 틱톡에서는 춤을 빼놓을 수 없습니다. 틱톡엔 항상 유행하는 춤이 있고, 춤은 거의 1주일 단위로 트렌드가 빠르게 바뀝니다. 제가 1년 동안 틱톡을 하면서 느낀 것은 틱톡 댄스 동작들이 쉬워져 누구나 참여할 수 있는 단순한 동작들이 많다는 것입니다.

진짜 춤을 잘 추는 크리에이터분들이나 댄서분들이 어려운 동작들을 잘 소화해서 영상을 올리는 것을 보면 신기할 따름입니다.

미국의 대표적인 댄서인 찰리 다멜리오(Charli D'Amelio)와 애디슨 래(Addison Rae)는 미국의 톱 10대 틱톡커이고 정말 힙하게 댄스를 잘 소화해냅니다. 가수로도 데뷔하고 각 유명 브랜드의 광고 모델이기도 한데, 지금은 할리우드에서 제일 잘나가는 톱스타로 등극했습니다.

② 첫 댄스 영상, 3일 만에 10만 뷰 찍다

저도 댄스를 좋아하기 때문에 초반에는 남편, 우태베이비와 함께 댄스 영상을 많이 만들었습니다. 처음 틱톡을 시작했을 땐 젊은 친구들의 댄스 앱이라고 착각했을 만큼 틱톡에는 댄스 영상이 많다 보니 저도 첫 영상을 당시 유행했던 #오나나나 발 댄스로 정하고, 음악에 맞춰 발로 추는 춤 연습을 30~40분 한 뒤 촬영을 했습니다. 처음에는 방향도 잘 안보이고 동작이 너무 빨라서 다른 영상들을 슬로 모션으로 돌려보면서 동작을 하나하나 따면서 연습했습니다. 그렇게 틱톡 첫 영상이 탄생했습니다.

밤 11시쯤 팔로워가 0명인 계정에 처음 댄스 영상을 업로드하고 다음날 아침 7시에 일어나서 확인해보니 조회 수 10K가 찍혀 있었습니다. 밤 사이에 1만 뷰 이상 시청을 했다는 것입니다. 그리고 며칠 지나지 않아 10만 뷰(100K!)를 달성했습니다.

▶ https://vt.tiktok.com/ZSJvrGrcP/

수년간 유튜브와 인스타그램을 해온 저로서는 팔로워도 없는 채널에서 불과 8시간 만에 1만 뷰가 찍힌다는 것이 너무 신기했고 틱톡 덕분에 시장의 가능성에 눈을 뜨게 됐습니다.

3 상황 연출, 이모지로 재미를 업시키기

첫 영상에 성공한 후 다양한 댄스 영상들을 만들었습니다. #주라주라챌린지 같은 경우 "입 닫고 지갑 한 번 열어주라", "주라 주라 주라 휴가 좀 주라~" 등 가사가 마치 현실 부부인 아내가 남편에게 하는 말 같아서 댄스를 곁들여 그에 맞는 상황을 표현했습니다. 그 외에도 우태베이비와 함께 시도한 댄스 영상들도 많은 사랑을 받았습니다. 엄마는 열심히 춤을 추는데, 정작 아기는 무관심한 상황이 재밌어 보인 것 같습니다.

그냥 댄스만 보여주기보다 댄스 동작들을 이모지로 같이 넣어주면 다른 사람들도 따라하기 쉽고, 듀엣 영상도 찍을 수 있기 때문에 조회 수 증가에 도움이 됩니다.

이모지를 적용한 다양한 댄스 영상의 예

▲ '입 닫고 지갑 열어주라' 댄스 영상

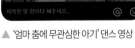

▲ '엄마 춤에 무관심한 아기' 댄스 영상

92

▲ '엄마의 춤에 무관심한 아가' 댄스 영상

4 상황에 맞는 솔직한 문구로 시선을 끌기

댄스에 사람들의 시선을 끌 만한 문구를 넣어주면 시청할 확률이 높아집니다.

왼쪽 영상은 틱톡을 시작한 지 얼마 안 됐을 때인데, 육아 때문에 댄스 연습할 시간이 없어서 아기가 잠든 후 30~40분 동안 열심히 연습해서 촬영한 후 상황을 짤막하게 글귀로 적었습니다.

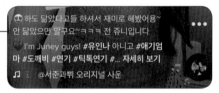

TikTok

LEVEL 04

공감대를 높이는 립싱크 영상 촬영하기

#립싱크연기

많은 사람들에게 익숙한 음원을 사용해 자연스럽고 재밌는 립싱크 영상을 만들어 보세요. 틱톡에서만 경험할 수 있는 립싱크로 트렌드에 맞는 다양한 캐릭터 연기를 펼쳐 보는 것도 좋습니다.

쥬니's KNOWHOW

❶ 댓글을 활용해 공감대를 높이는 영상을 만들자.
❷ 많은 사람들에게 익숙한 음원을 활용하자.
❸ 웃음 포인트가 있는 음원을 활용하자.
❹ 트렌드에 맞는 연기 캐릭터를 따라해보자.

1 댓글로 아이디어를 얻어 연관된 음원으로 연기하기

▲ '연예인 유인나 성대모사' 영상

▶ https://vt.tiktok.com/ZSJvM5NPq/

틱톡을 시작하고 첫 영상부터 인기를 얻게 되자 전 틱톡에 완전히 '중독'됐습니다. 그리고 많은 분들이 좋아하는 틱톡 영상을 계속 만들어야 한다는 고민에 빠졌습니다. 마침 댓글에 "유인나 닮았어요", "유인나 틱톡 시작했나요?", "유인나가 보인다" 등 배우 유인나 님을 닮았다는 글들이 많이 올라왔습니다. 많은 분들의 이러한 의견 덕분에 저는 용기를 내서 탤런트 유인나 님이 나온 드라마 "도깨비"에서 유명했던 음원을 찾아서 유인나님 성대모사를 시도했습니다. 많은 분들이 진짜 유인나인지 아닌지 댓글로 물어보셔서 유인나님이 아니라는 글과 함께 #유인나 아니고 #애기엄마인데, 재미로 했다고 적었습니다.

평소에도 동영상에 달아주신 댓글을 통해 영상 아이디어를 얻을 때가 많습니다. 틱톡뿐만 아니라 유튜브, 인스타그램 같은 SNS의 최대 장점이 빠른 소통이라고 생각합니다. 빠른 소통의 장이 댓글일 수 있는데, 댓글을 보고 많은 사람들이 원하는 것을 반영한다면 크리에이터가 시청자분들과 소통을 잘한다는 느낌도 줄 수 있고, 더 친숙하고 가깝게 느낄 것입니다.

2 해외 음원으로 실제 육성 같은 영상 촬영하기

틱톡의 추천 피드를 보다 보면 시간 가는줄 모를 만큼 재밌는 영상들이 많습니다. 어떤 영상들은 립싱크를 너무 잘해서 음원이 본인의 목소리인 줄 착각할 때도 있습니다. 저도 립싱크 영상에 도전해 봤습니다. 립싱크 영상의 내용은 해외에 있는 한 엄마가 아이에게 "만약에 모르는 사람이 너를 학교로 데리러 오면 뭐라고 말할 거야?"라고 물으면 아이는 "거짓말이지! 왜냐하면 우리 엄마는 친구가 없거든."이라고 대답합니다. 재치있는 아이의 대답이 너무 웃겨서 해당 음원을 활용해서 립싱크 영상을 만들어 봤습니다.
당시 우태는 너무 어려 말을 하지 못해 립싱크가 불가능했지만 뒤통수만 나오면 말하는 것처럼 보일 수 있기 때문에 카메라 각도를 뒤통수만 나오게 잡았습니다. 영상이 너무 자연스럽게 나왔는지 "싱크가 잘 맞아서 실제 육성인 줄 알았네요."라는 댓글이 대부분이었지만 일부 시청자분들은 오해를 하셔서 "아이들은 거짓말하지 않는데 마음이 아프네요."라는 무거운 댓글을 남겨 주시기도 했습니다. 그만큼 음원 연기가 자연스러웠다고 받아들이긴 했지만 저는 우태와 함께 출연하는 영상들이 조금씩 조심스러워지기 시작했습니다.

96쪽의 오른쪽 영상은 해외 음원을 사용한 댄스 영상입니다. 댄스를 하며 노래도 동시에 부르는게 입 모양과 제스처 모두 딱 맞아 떨어져 실제 제 목소리인줄 알았다는 댓글이 많았습니다.

▶ https://vt.tiktok.com/ZSJvMrPpQ/

▶ https://vt.tiktok.com/ZSJvM7NXS/

▲ 립싱크 영상의 다양한 예

3 트렌드에 맞는 인기 드라마 연기 따라하기

▶ https://vt.tiktok.com/ZSJvMVhd8/

▶ https://vt.tiktok.com/ZSJvMgQKC/

▲ 인기 드라마 연기 영상의 예

2020년 말부터 꾸준한 인기를 끌고 있는 드라마 펜트하우스를 매회 본방 사수할 정도로 열혈 시청자로 펜트하우스에 등장하는 인물들의 다양한 인물 연기에 도전해 보고 싶어 밤에 아기를 재우고 촬영을 시도했습니다.

드라마 캐릭터 중 한 명인 양 집사의 엽기적인 연기 장면을 촬영하기 위해, 의상, 메이크업, 헤어, 소품 등 최대한 비슷하게 분장을 하고 촬영했습니다. 많은 분들이 좋아해 주셔서 조회 수가 1백 10만 뷰에, 하트가 10만 개가 넘게 찍혔습니다. 확실히 인기 있는 드라마이기 때문에 많은 분들이 알아봐 주신 것 같습니다.

양 집사 연기에 힘을 얻어 천서진, 하은별, 주단태, 주석경 등 다양한 캐릭터의 연기를 시도했고 하나의 영상을 만들 때마다 퀄리티를 높이는 데 더 집중했습니다. 그러면서 제가 잘하는 틱톡 콘텐츠 영역을 차츰 찾아갈 수 있었습니다.

▶ https://vt.tiktok.com/ZSJvMqpE5/

▶ https://vt.tiktok.com/ZSJvMcUev/

▲ 드라마 '펜트하우스' 등장 인물을 따라한 영상

♪ TikTok

LEVEL 05

장난끼 많은 엄마의 틱톡 몰래카메라

#몰래카메라

따분한 일상에 물컵 몰카, 가나다라 챌린지 몰카, 된장 똥 몰카 등으로 재밌는 이벤트를 만들어 보세요. 반짝이는 아이디어와 촬영의 노하우로 웃음 가득한 몰카를 찍을 수 있습니다.

쥬니's KNOWHOW

❶ 최근 사람들의 관심사와 이유 키워드를 찾아라.
❷ 남들과 다른 차별화된 콘텐츠를 기획하라.
❸ 재미도 좋지만 지나친 장난은 금물이다.
❹ 나만의 위트를 꼭 넣어라.

---

1 첫 물컵 몰카로 1.5M뷰, 코미디 계정/페이지에 소개되다

▲ 처음으로 시도한 '남편 몰카' 영상

▲ 페이스북 코미디 계정에 소개

2020년 4월 20일, 코로나가 나날이 심해지자 주말에 아이와 외출도 못하고 집에만 있었습니다. 그런 지루함을 틱톡으로 극복할 수 있었던 것 같습니다.

혼자 카메라를 세팅하고 당시 해외 틱톡커 사이에서 유행했던 물컵 몰카를 남편에게 해봤습니다. 남편은 영문도 모른 채 당했고, 그 자리에 있던 아이와 강아지도 카메라에 함께 포착됐습니다. 우연히 찍힌 장면이었지만 많은 분들이 예쁜 가족이라는 댓글을 남겨 주셨습니다.

틱톡을 시작한 지 한 달도 안 돼서 만든 영상이라 화면도 풀사이즈로 촬영하지 못했지만 인물이 잘리지 않게 하려고 조마조마하면서 촬영했던 기억이 납니다. 몰래카메라 특성상 한 큐에 성공을 해야 찐 반응이 나오기 때문에 한 프레임도 놓치지 않도록 카메라를 세팅했습니다. 클로즈 숏이 필요할 때는 제가 수동으로 움직여서 남편의 상황을 더 자세히 보여주었고 물컵이 떨어지는 순간 편집효과로 재밌는 상황을 극대화해서 웃음 포인트가 살 수 있도록 노력했습니다. 그렇게 시도한 첫 몰카가 1.5M뷰를 기록했고, 페이스북과 인스타그램 코미디 계정/페이지에 소개되면서 틱톡은 물론 타 플랫폼에도 소개됐습니다.

2 심심한 하루, 몰카로 특별하게 만들기

첫 몰카 영상이 인기를 끈 후 물통을 마이크로 사용하는 척하면서 뜬금없이 가나다라 챌린지를 하는 몰카를 촬영했습니다. 서로 번갈아 가면서 '가나다라'를 말하다가 제가 기습으로 물통을 눌러서 남편 얼굴에 물을 뿌렸습니다. 처음에는 속아서 재밌었지만 몰카도 서너 번 하니 속지 않았습니다. 그래서 작전을 변경해 우태에게 아래 영상처럼 몰카를 하기 시작했습니다.

우태도 저를 닮아 장난끼가 많아서 같이 재밌는 추억을 남길 수 있었습니다. 하지만 아무래도 아기이기 때문에 지나친 장난은 자칫하면 시청자분들을 불편하게 만들 수 있어 항상 조심스러웠습니다. 다행히 우태의 천진난만한 모습을 보시고 많은 분들이 우태의 팬이 되기 시작했습니다.

▶ https://vt.tiktok.com/ZSJvrDwdu/

▶ https://vt.tiktok.com/ZSJvrky2P/

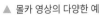

▲ 몰카 영상의 다양한 예

3 같은 몰카의 다른 반응 살피기

▲ '된장 똥 몰카' 영상

가장 최근에 촬영한 '된장 똥 몰카'는 화장실에서 휴지를 달라고 해서 휴지를 받을 때 남편 손에 된장을 묻혀주는 몰카입니다. 남편은 된장을 똥으로 착각하고 너무 충격을 받았습니다. 남편의 반응도 재밌었지만 우태에게 했을 때 우태가 보인 반응은 너무 사랑스럽고 귀여웠습니다. 아이는 손에 묻은 된장을 보자 응가(Poopoo)로 알고 똥을 닦아달라고 떼를 썼습니다. 하지만 엄마가 화장실에 있어서 도와줄 수 없다고 하자 스스로 물을 틀고 손을 닦아 해결하려고 했습니다.

이 과정에서 저는 우태에게 평소처럼 한국말과 영어를 모두 사용했는데, 우태가 엄마 말을 다 알아듣는 걸 보시고 많은 분들이 신기하다고 댓글을 달아주셨습니다. 그리고 혼자 손 씻는 것이 기특하다는 반응들도 많았습니다. 그래서인지 같은 몰카여도 남편 영상보다 아이 영상의 조회 수가 높은 편입니다.

5개 국어로 리얼하게 발음한 이슈 단어가 글로벌 팬들을 사로 잡았습니다. 그동안 촬영했던 영상 스토리를 보면서 나만의 아이디어를 창조해 봅니다.

쥬니's **KNOWHOW**

❶ 한중일 패션, 메이크업 등 국가 간 차이점을 콘텐츠화하자.
❷ 다른 나라를 언급하여 해당 국가의 트래픽을 발생시켜 조회 수를 높이자.

1 첫 바이럴 영상 1.7M뷰 - 엄마! #한영스

▲ '엄마! 한영스' 영상과 국가별 시청 분포

틱톡 4일차였던 2020년 3월 31일에 올린 5번째 영상으로, '엄마'라는 단어를 영어, 스페인어, 한국어 3개 국어로 불러보았습니다. 이 영상을 기획한 이유는 영화나 드라마에서 비쳐지는 외국 엄마들의 이미지와 한국 엄마들의 이미지를 떠올려봤고, 실제 제가 자라면서 엄마를 한국어로 부를 때의 상황을 표현해 보고 싶었습니다. 저의 장점 중 하나인 5개 국어를 구사하는 재능을 활용하면 차별화된 저만의 영상을 만들 수 있겠다는 생각이 들었습니다.

영어, 스페인어로 엄마를 부를 땐 상냥하고 온순한 톤이지만 모국어인 한국어로 엄마를 부를 땐 약간 짜증 섞인 톤입니다. 5개 국어 전부 다 하면 영상이 너무 길어질 우려가 있어 3개 국어만 사용했습니다.

이 영상의 시청자 분포를 보면 인도네시아, 필리핀, 미국, 멕시코, 스페인 등 다양한 국가에서 시청한 것을 확인할 수 있습니다. 이들도 실제로 모국어로 "엄마"를 부를 땐 저와 비슷한 상황인 것 같습니다.

"한국인은 우리나라와 비슷하다", "난 라틴계 사람이지만 너처럼 엄마를 부른다", "왜 우리나라 말이랑 한국어랑 비슷한가요?" 등 공감 가는 댓글을 볼 수 있었습니다. 그리고 한국 팬분들 역시 "나도 저렇게 엄마 부르는데", "핵공감이다" 등 공감 가는 댓글을 많이 달아주셨습니다.

2 두 번째 바이럴 영상 4.4M뷰 - 핫한 SNS 앱 이름 #한영스

틱톡 17일차였던 2020년 4월 13일에 올린 3개 국어를 테마로 한 영상입니다. 코로나19로 외출을 자제하고 집에서 생활해야 하는 상황이다 보니 어떤 영상을 만들까 고민하던 중 뉴스와 인터넷에 '격리'란 단어가 자주 올라왔고, 이 이슈가 되는 단어를 영어, 스페인어, 한국어로 발음한 영상을 제작하면 좋겠다는 아이디어가 떠올랐습니다.

'격리'로만 영상을 만들면 길이가 너무 짧으므로 틱톡커들의 최대 관심사인 SNS 채널 이름 '페이스북', '인스타그램', '트위터', '틱톡'의 나라별 단어를 같이 발음해 찍었습니다. 또 각 나라 현지인들의 리얼한 억양과 톤을 최대한 살려 각 나라 사람들이 공감할 만한 위트를 더했습니다.

'친구태그' 단어로 영상을 마무리했는데 놀랍게도 뷰가 4백 40만 건, 좋아요가 57만 5천 건, 댓글이 1,840개, 공유가 1,684건이 발생했습니다. 첫 틱톡 영상을 업로드하고 약 보름 만에 일어난 기적 같은 일이었습니다. 단지 침실 바닥에 앉아 거울을 보고 휴대폰 하나로 약 30초간 찍은 영상이었는데 반응은 엄청 뜨거웠습니다. 틱톡에서 유행하는 배경 음악 하나 없이 오로지 제 목소리만 오리지널 사운드로 들어갔는데, 이 때문에 발음과 톤에 집중할 수 있는 영상이 만들어진 것 같습니다.

▶ https://vt.tiktok.com/ZSJvr5Dkj/

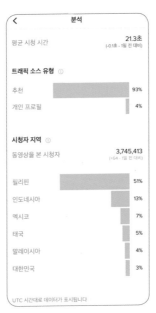

▲ 'SNS 앱 한영스' 영상과 국가별 시청 분포

저는 영상 자체는 화려해도 자막은 최대한 짧고 간결하게 디자인하는 편입니다. 화려한 자막 디자인은 시선이 분산되어 흰 바탕에 검은색 글씨로 최대한 깔끔하게 자막을 만드는데, 전체적으로 커버를 볼 때도 눈에 띄어 좋습니다.

자막은 영상에서 중요한 부분을 차지합니다. 틱톡 영상의 첫 화면에서 이 영상이 어떤 주제를 다루는지 글로 알려줄 수 있다면 자막의 기능을 잘 활용한 사례라고 할 수 있습니다.

틱톡 화면 상단에 '팔로잉', '추천' 글씨가 가려지지 않도록 메인 제목 자막의 위치를 잘 조절하는 것이 매우 중요합니다. 또 영상 하단에 틱톡 닉네임과 글, 오른쪽 프로필과 영상 정보가 나오는 패널 부분도 가려지지 않도록 자막 배치를 잘 해야 합니다. 특히 틱톡에서 자막 혹은 스티커를 넣을 때 패널 부분을 침범하면 흐릿하게 보이기 때문에 미리 체크해야 합니다.

▲ 스티커가 패널을 침범한 예

영상마다 자막 넣는 방법도 다 다릅니다. 상황극이나 댄스 클래스, 뉴스와 같은 영상은 자막이 꼭 필요합니다. 우리가 예능을 볼 때 자막을 보고 한 번 더 웃게 되는 것과 같은 효과를 줄 수 있기 때문이죠. 하지만 메이크업이나 패션 스타일링(변신) 등의 영상은 오히려 화면을 가려 방해가 될 수 있습니다.

♪ TikTok

LEVEL 07

신조어, 말장난 테스트로 인기 영상 만들기

#테스트

'신조어를 얼마나 알까?'라는 궁금증을 시작으로, 자주 쓰는 단어, 말장난 등 다양한 테스트로 영상을 즐겁게 만들어 보았어요. 핫한 키워드를 사용해 조회 수도 올릴 수도 있었습니다.

❶ 너무 길지도 짧지도 않게 단어 혹은 질문을 준비하자.
❷ 핫한 키워드인지, 사람들이 관심을 가질 만한 키워드인지 고민 또 고민하자.

1 90년생의 2020 인싸 테스트, 엉뚱한 대답에 웃음 폭발

▶ https://vt.tiktok.com/ZSJvryTGg/

▲ '인싸 테스트' 영상

2020년이 마무리될 무렵, 2020년에 자주 사용됐던 신조어를 남편이 얼마나 많이 알고 있는지 궁금해서 만든 영상입니다. 남편과 저는 90년생 동갑내기이기에 요즘 친구들이 사용하는 단어를 얼마나 알고 있나 테스트해 보고 싶었습니다.

네이버에서 2020년 신조어를 검색해 재밌는 단어 10개를 선정한 후 남편에게 질문하는 형태로 진행을 했습니다. 예상대로 남편의 점수는 10점 만점에 2점이었습니다. 이 영상의 웃음 포인트는 남편이 대답하는 과정에서 나왔던 말도 안 되는 단어들이었습니다.

예를 들어 "엄근진"의 실제 뜻은 "엄격 근엄 진지"이지만 남편은 "엄청 근지럽게 진지하다"라고 풀이했습니다. "남아공"은 "남아서 공부나 해"라는 뜻이지만 천연덕스럽게 "남편은 아줌마의 공동의 적?!"으로 풀이해 웃음을 자아냈습니다.

2 다양한 테스트 영상으로 소소한 즐거움 만들기

90년생 2020 신조어 테스트 영상의 조회 수가 잘 나오자 저는 "틱톡에서 자주 보이는 신조어 테스트"와 "엄마들 신조어 테스트" 등 사람들이 관심 가질 만한 다양한 테스트 영상을 만들었습니다.

▶ https://vt.tiktok.com/ZSJvrB2ao/

▲ 신조어 테스트 영상

▶ https://vt.tiktok.com/ZSJvruQfk/

▲ '말장난 테스트' 영상

2021년 신축년이 되자 소 관련 말장난 테스트 영상을 만들었습니다. 일하고 있는 남편에게 뜬금없이 "소가 한 마리면?"이라고 묻고 정답은 "소원"이라고 알려줍니다. 어이없는 정답들이 일상에 소소한 웃음을 줄 수 있어서 재미있었던 영상입니다. 이외에도 BTS 멤버들 이름 테스트 등 다양한 테스트를 시도했고 많은 분들이 재밌게 봐주셨습니다.

3 미리 녹음해서 커플&우정 챌린지 만들기

해외 틱톡 컨텐츠에선 흔히 볼 수 있는 커플 혹은 우정 챌린지 음원이 한국어로 없는 것을 보고 영상을 만들어 봤습니다.

다른 사람들이 커플에게 궁금해할 만한 질문을 사전에 녹음하고 촬영을 진행했습니다. "누가 먼저 고백했나요?", "싸우면 누가 먼저 사과하나요?" 등과 같은 질문으로 구성했습니다. 음원이 깔끔해야 다른 사람들도 사용할 수 있기 때문에 음원을 녹음해서 입혔습니다.

캡션에 "같이하고 싶은 사람 태그해 보세요"라고 태그를 유도했는데, 많은 커플분들이 음원을 활용해서 영상을 만들어 주셨습니다.

하지만 간혹 댓글에 커플이 아니어서 커플 챌린지를 할 수 없다는 서러운 댓글들을 보고 친구들 혹은 가족끼리 할 수 있는 우정 테스트 음원도 만들었습니다.

▲ '커플 챌린지' 영상

▶ https://vt.tiktok.com/ZSJvrAcsf/

▲ '우정 챌린지' 영상

▶ https://vt.tiktok.com/ZSJvhhNUq/

LEVEL 08

나의 장점을 살린 영상으로 제일 핫한 틱톡커되기

#메이크업 & #패션

나만의 매력과 장점을 찾아 카테고리를 선택하고 개성을 뽐낼 수 있는 영상을 만들어보세요. 시행착오와 실패가 더 나은 나를 만들어 줍니다.

쥬니's KNOWHOW

❶ 본인이 잘하는 카테고리를 찾아라.
❷ 나의 장점과 매력이 가장 잘 드러나는 영상을 만들어라.
❸ 다양한 분야보다 장점이 드러나는 분야를 선택하라.

1 가장 좋아하는 메이크업과 패션 분야에 도전

저는 평소에도 메이크업을 하고 옷을 예쁘게 차려 입는 것을 좋아합니다. 아이를 임신해 양수가 터진 날에도 눈썹을 그리고 병원에 출산을 하러 갔습니다. 항상 메이크업과 패션에 신경 쓰는 이유는 딱 한 가지인데, 바로 제 기분이 좋아지기 때문입니다.

어렸을 때도 틈만 나면 옷장에서 가장 좋아하는 옷을 꺼내 입고 패션쇼를 하고 화장 놀이를 하곤 했습니다. 그리고 카세트 테이프에 내 목소리를 녹음해 틀어 놓고 반복해 들으면서 놀았던 기억이 있습니다. 그래서 처음 틱톡에서 패션 영상을 시도했을 때 음원 타이밍에 맞춰 변신하는 촬영을 하는 것이 그다지 어렵지 않았습니다. 이러한 영상 촬영을 꾸준히 시도하다 보니 의상 협찬과 광고 영상 섭외가 들어왔습니다.

2 '뷰티 힙톡커' 콘테스트 실패를 성장의 계기로

그러던 중 틱톡에서 뷰티 콘테스트를 한다는 공지를 봤습니다. '도전! 뷰티 힙톡커' 콘테스트는 틱톡이 정한 참여 기간 내에 #뷰티 틱톡커 해시태그가 포함된 뷰티 콘텐츠를 최소 5개 이상 업로드하면 심사 대상이 되는데, 콘텐츠 퀄리티, 창의성, 조회 수, 콘텐츠 업로드 수 등 다양한 심사 점수를 합산해 우승자로 뷰티 힙톡커 3명을 선정합니다.

1등에겐 우승 상금도 100만 원이 걸려 있습니다. 다양한 콘텐츠를 하던 저는 메이크업 영상에 집중을 했지만 이미 꾸준히 메이크업 영상을 만드는 분들의 트랜지션 노하우를 단기간에 따라 잡을 수 없었습니다. 펜트하우스 캐릭터들의 메이크업 커버 영상은 조회 수도 높고 인기를 끌었지만 5개 이상의 영상을 다 잘 만드는 데 실패하고 결국 콘테스트에서 우승할 수 없었습니다.

▲ 도전! 뷰티 힙톡커 콘테스트

▲ 핫한 뷰티 힙톡커

콘테스트엔 실패했지만 '틱톡에서 제일 핫한 틱톡커 차트'에 메이크업 부문과 패션 부문에서 동시에 이름을 올렸습니다. '뷰티 힙톡커' 콘테스트 참가 경험이 또 다른 새로운 콘텐츠에 도전해 볼 수 있는 기회가 됐고 단기간에 콘텐츠 퀄리티 향상의 계기가 됐습니다. 또 제가 좋아하고 잘하는 콘텐츠를 찾아가는 데 한 발짝 더 나아갈 수 있었습니다.

③ 패션 영상으로 틱톡에서 제일 핫한 차트, 10회 이상 1위

이 일을 계기로 제 장점을 살려 패션 영상에 음원을 사용하지 않고 만들어 보기로 했습니다. 디올 패션 따라잡기로 시작해서 샤넬, 에르메스, 프라다, 구찌 패션 등 명품 브랜드 패션 따라잡기 영상을 만들었고, 조회 수는 점점 올라갔습니다. 또 펜트하우스에 나오는 다양한 캐릭터들의 패션 따라잡기 영상도 만들었습니다. 이후 브랜드 따라잡기와 드라마 펜트하우스 캐릭터 패션 다음으로 어떤 콘텐츠를 이어갈 것인가 고민이 되있습니다.

▲ '따라해쥬니' 영상의 예

그러던 중 댓글에 "유치원 상담 가는 엄마 패션 해주세요!"라는 댓글을 보게 됐고 이를 주제로 영상 촬영을 시도한 결과 드라마 펜트하우스 캐릭터 따라잡기 영상보다 조회 수가 높아 놀랐습니다. 많은 분들이 "웃기고 매력있다."라는 좋은 댓글을 많이 남겨 주셨습니다. 해당 콘텐츠를 제 틱톡 채널의 한 코너로 만들기 위해 #따라해쥬니를 시리즈화시켰고 '틱톡에서 제일 핫한 틱톡커 차트'에서 4주 연속 1등을 기록했습니다.

▲ 4주 연속 틱톡패션 대표 크리에이터가 된 쥬니

LEVEL 09

라이브로 소통하고 라이브 기프팅으로 수익 창출하기

#틱톡라이브

틱톡 라이브를 잘하기 위해서는 콘텐츠의 주제를 정한 후 시청자에게 미리 일정을 공지하고 정해진 시간에 꾸준히 영상을 올리는 것이 중요합니다. 소통의 즐거움뿐만 아니라 수익도 창출할 수 있습니다.

쥬니's KNOWHOW

❶ 하루 전날 미리 공지를 하자.
❷ 일정한 시간에 꾸준히 올리자.
❸ 콘텐츠의 주제를 미리 정하고 준비한 후 방송하자.

1 미리 공지하고 일정한 시간에 꾸준히 방송하자

라이브 방송을 켜기 하루 전날, 언제 어떤 방송을 할 것인지 영상으로 팬분들께 미리 공지하는 것이 좋습니다. 갑자기 라이브를 켜는 것보다 미리 공지했을 때 더 많은 팬들이 라이브 방송에 들어올 수 있습니다. 제 경우 라이브 방송은 정말 특별한 날에만 서프라이즈로 몇번 진행했습니다. 아래 영상은 2021년 2월 6일 우태 2번째 생일날이었습니다. 코로나로 5인 이상 모임이 금지됐던 시기라 우태 생일에 가족들이 모일 수 없어서 제가 예쁘게 집을 꾸미고 라이브 방송을 통해 많은 분들과 함께 생일 파티를 했습니다.

◀ 아이 생일에 서프라이즈로 진행해 본 라이브 방송

육아를 하다 보니 저는 시간을 정해 놓고 매번 라이브 방송을 준비하고 진행하기 쉽지 않았지만 라이브 방송을 잘하는 크리에이터분들은 거의 매일 일정한 시간에 규칙적으로 방송을 진행합니다. 규칙적으로 일정한 시간에 방송을 하면 팬분들도 인지하고 자주 들어올 가능성이 높기 때문입니다. 무엇이든 일단 꾸준히 하는 것이 중요합니다.

매일 방송을 하면 팬분들이 보내주시는 스티커가 크리에이터에게 다이아몬드로 쌓이고 하루 수익은 적게 보일 수 있지만 한 달 꾸준히 하다 보면 상당한 수익이 된다고 합니다. 이 다이아몬드는 현금으로 인출이 가능합니다. 또 틱톡 스티커는 우리나라 팬뿐만 아니라 해외 팬들에게도 받을 수 있기 때문에 어느 나라든 팬층을 늘리면 늘릴수록 좋습니다.

▲ 코인이 다이아몬드가 되는 과정

② 콘텐츠의 주제를 미리 정하는 것이 중요하다

라이브 방송을 하는 것도 중요하지만 어떤 내용의 콘텐츠로 하느냐가 정말 중요합니다. 주제 없이 계속 라이브를 켜면 지속 시청률이 떨어집니다. 대략적으로 먹방을 할 것인지, Q&A를 할 것인지, 타 크리에이터와 합방(합동 방송)을 할 것인지의 기본 틀을 가지고 진행하는 것이 더 좋습니다.

> **Tip**
> 라이브 방송을 켜는 방법은 59쪽을 참고하세요.

저는 라이브 스티커가 도입된 이후 꼰야님과 함께 콜라보 라이브를 진행한 경험이 있습니다. 3월 3일 삼겹살데이에 꼰야님과 삼겹살과 비빔면을 먹으면서 드라마 펜트하우스의 천서진(꼰야님)과 하은별(쥬니)의 케미를 보여주는 콘셉트의 라이브 방송이었습니다.

▲ 삼겹살데이에 진행한 꼰야님과 콜라보 라이브 방송

3 미래를 준비하며 팬층을 만들어 놓기

중국 틱톡(抖音, 이하 더우인)의 경우 로고는 같지만 글로벌 틱톡 앱과 분리돼 있습니다. 더우인에는 라이브에 커머스 기능까지 장착돼 있어 중국 틱톡커는 커머스 기능을 활용한 방송을 많이 한다고 합니다. 중국 브랜드 "샤오미" 회장까지 더우인(중국 틱톡) 라이브 커머스 방송에 출연할 정도로 대세라고 합니다. "샤오미" 회장이 출연한 날, 누적 시청자는 7,477만여 명에 달했고 단 3시간 만에 매출이 2억 1천만 위안(한화 약 359억 원)을 돌파하면서 더우인 라이브 사상 최고 매출을 기록했다고 합니다.

작년부터 핫해진 라이브 커머스 기능이 틱톡 코리아에도 도입된다면 틱톡 라이브 시장이 더욱 더 활발해지지 않을까 기대합니다. 커머스 기능이 도입되기 전 나만의 팬층을 잘 만들어 놓으면 좋을 것 같습니다.

틱톡 라이브 가이드라인을 꼭 숙지하세요!

틱톡 라이브 방송 도중 틱톡 가이드라인에 어긋나는 돌발 행동은 계정 정지 혹은 영구 정지를 당할 수 있습니다. 폭력적 극단주의, 증오 행동, 불법 활동 및 규제 대상 물품, 폭력적이고 불쾌한 콘텐츠, 자살, 자해 및 위험 행위, 희롱 및 괴롭힘, 성인의 알몸 노출 및 성적 행동, 미성년자 안전, 진실성 및 진정성, 플랫폼 보안 등에 포함되는 모든 행위는 절대 해서는 안 됩니다. 물론 플랫폼 밖에서도 있어서는 안 되는 행위입니다(해당 내용은 파트 05에서 자세히 설명합니다).
- 틱톡 가이드라인 링크 : https://www.tiktok.com/community-guidelines?lang=ko-KR

LEVEL 10

광고, 협찬으로
본격적 수익 창출

#광고 & #협찬

협찬 및 유료 광고를 콘셉트에 맞게 촬영하다 보면 인지도가 생기고, 라이브 커머스, 방송 출연 등의 기회도 찾아옵니다. 틱톡으로 수익을 창출할 수 있는 방법을 본격적으로 알아봅니다.

쥬니's KNOWHOW

❶ 제품을 협찬받은 후 협찬 내용을 잘 기재하자.
❷ 콘셉트에 맞는 광고 영상을 만들기 위해 재미있는 콘텐츠 개발에 노력하자.

1 협찬받은 후 협찬 내용을 잘 기재하기

틱톡 채널이 어느 정도 성장하게 되면 광고와 협찬 기회들이 많아집니다. 광고는 금전적 대가를 받고 진행하는 영상을 뜻하고, 협찬은 제품은 받지만 금전적 대가를 받진 않습니다. 2020년 뒷 광고 논란 이후 광고와 협찬 기재 여부에 대해서 매우 엄격해졌습니다. 따라서 광고 혹은 협찬으로 진행된 영상들은 꼭 캡션 앞부분에 #(해시태그)를 기재해 줘야 합니다.

▲ 앞부분에 해시태그 기재

틱톡 채널을 시작했던 초창기에는 아이가 자주 출연하다 보니 장난감과 육아용품 협찬이 많았습니다. 협찬 영상 제작 당시에는 법적인 공지가 내려오기 전이어서 해시태그가 적혀 있지 않아 캡션 수정이 불가하기 때문에 댓글에 협찬 내용을 추가로 기재하게 됐습니다.

▲ 댓글에 협찬 내용을 추가로 기재한 사례

2 팔로워 20만, 첫 유료 광고를 시작하다

처음에는 물품 협찬이 대부분이었지만 팔로워가 20만 명을 넘자 틱톡 첫 유료 광고를 진행하게 됐습니다. 의류 광고였는데, 코믹한 의상 변신을 보여주는 영상을 만들었습니다. 그 후 패션 영상을 자주 촬영했고, 종종 의류 광고와 협찬이 들어왔습니다.

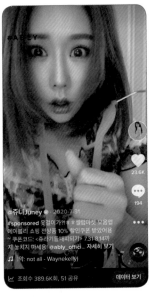

▲ 쥬니가 진행했던 다양한 협찬과 광고 예

하지만 채널 콘셉트기 덜 집힌 상내에서 만든 광고 영상들은 조회 수가 기대치에 못 미칠 때도 있었습니다. 따라서 광고와 협찬을 거부감 없이 노출할 수 있는 재밌는 콘텐츠에 대해 끊임없이 고민했고, 여러 시도 끝에 #따라해쥬니 코너가 탄생했습니다.

명품 브랜드로 시작해서 다양한 상황별 패션, 드라마 속 캐릭터 패션, 연예인 패션 등을 따라잡는 영상으로 많은 사랑을 받게 된 영상 포맷입니다. #따라해쥬니 영상은 조회 수가 안정적으로 유지되면서 광고 의뢰가 자연스럽게 늘었습니다.

3 #따라해쥬니 콘셉트에 맞는 인기 광고 영상을 제작하다

▲ 사진 보정 앱 광고 영상

광고 영상의 기획부터 광고주와 논의해 #따라해쥬니의 콘셉트에 맞게 촬영했고, 그 결과 반응도 매우 만족스러웠습니다.
위의 광고의 경우 사진 보정 앱 광고입니다. 그래서 주제를 '썸남한테 연락오게 하는 프사 패션 따라잡기'로 시작했습니다. 일단 예쁜 옷으로 갈아입은 뒤 셀카를 100장 촬영하고 사진을 해당 앱으로 살짝 보정해 줍니다. 그리고 프로필 사진을 바꾸자마자 쥬니의 썸남 우태베이비에게 전화가 오는 영상입니다. 마지막에 우태의 깜짝 등장이 귀엽다는 댓글도 정말 많았고, 실제 사진 보정 앱을 다운받아서 사용하겠다는 댓글도 많았습니다.

4 틱톡으로 얻은 기회들!

#따라해쥬니 패션 영상들을 꾸준히 하다 보니 조회수가 안정적으로 나왔고 그 결과 매달 꾸준히 광고가 들어오게 됐습니다.
뿐만 아니라 패션 크리에이터로 인식되어 가끔 매거진에도 패션 셀럽 인터뷰 진행도 했습니다. TBS eFM 라디오 방송에서도 100만 틱톡커 쥬니가 소개해주는 상황별 패션 코디에 대해 인터뷰 진행으로 시작해 TBS eFM 라디오의 2 프로그램 패널로 활동하게 됐습니다.

▲ 메트로시티 엠버서더로 활동 중인 쥬니

또한 브랜드 메트로시티 엠베서더로 선정돼 제가 활동하면서 필요한 모든 의상을 머리부터 발끝까지 메트로시티에서 지원받게 됐습니다.

채널이 커지면서 '100만 틱톡커'라는 수식어가 생기자 카카오쇼핑 라이브나 네이버 같은 타 플랫폼에서 제품을 소개하는 라이브 커머스 방송에도 진출하게 됐습니다.
또한 틱톡 채널의 팔로우가 늘어나고 인기가 생기면 틱톡 성공 노하우를 공유하는 강의의 기회도 찾아옵니다. 저는 줌을 통해 강의를 한 경험이 있었는데, 그 강의를 통해 이렇게 책까지 집필하고 탈잉 강의도 할 수 있게 됐습니다.

저뿐 아니라 많은 분들이 이미 틱톡 플랫폼에서 본인을 알리는 수단으로 채널을 키우고 사업을 홍보하기도 하고 다양한 수익 창출을 하고 있습니다. 이 책을 읽는 독자분들도 좋은 영상들을 만들어서 본인의 목표와 가까운 삶을 살 수 있기를 바랍니다.

▲ 틱톡 관련 온라인 강의

Follow Me!

do it '친구 초대'만 해도 수익이 생긴다고?!

틱톡에서 진행하고 있는 친구 초대 이벤트로 앱 테크하기

프로필 왼쪽 상단을 보면 틱톡 코인 아이콘이 보입니다. 틱톡 코인 아이콘을 탭해서 들어가면 포인트 획득 방법을 설명하는 페이지가 나옵니다.

❶ 친구 초대하기 → 39, 460포인트

❷ 페이지 공유하기 → 5포인트

❸ 영상 업로드하기 → 10포인트

❹ 추천피드 20분 구경하기 → 30포인트

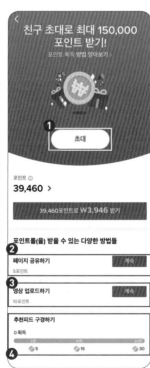

▲ 틱톡 포인트를 쌓는 다양한 방법

우선 친구를 추천하면 추천을 받은 친구는 가입할 때 꼭 내 추천 코드를 넣어야 합니다. 그렇게 해야 추천인에게 포인트가 쌓이고, 추천받아서 틱톡 앱을 다운로드한 친구에게도 포인트가 쌓입니다. 이외에도 [포인트 획득 방법] 페이지에서 페이지 공유하기에 [계속] 버튼을 탭해 페이지를 공유하거나 영상을 업로드하면 포인트가 쌓입니다. 또한 추천피드를 구경하는 시간에 따라 최대 30포인트를 매일 획득할 수 있습니다.

이렇게 쌓인 포인트는 현금으로 즉시 인출이 가능합니다. [출금하기]를 탭하면 페이코(PAYCO) 앱을 통해서 바로 현금으로 사용할 수 있습니다.

▲ 틱톡 포인트를 현금으로 인출하는 방법

PART 04

♪ TikTok

틱톡 팔로워를 늘리는 10가지 노하우

120만 팔로워를 보유한 쥬니가 틱톡 팔로워를 늘리는 노하우를 소개합니다.
기억에 남는 채널명을 정하고, 나만의 개성을 살리는 메인 프로필을 만들며, 틱톡 챌린지에
참여하는 방법을 소개합니다. 또 캡션 및 해시태그, 커버를 선택하고 콜라보레이션하는 방
법도 알아봅니다.

01 기억에 남는 '틱톡 채널명' 정하기

1 예측 가능한 채널명을 만들자

'46년생 춘자씨'라는 채널명을 들으면 어떤 내용을 다루는 채널인지 짐작이 가시나요? 1946년 생이신데 이름을 귀여운 느낌의 춘자 씨로 호칭한 걸 보면 귀여운 할머니의 틱톡이 아닐까 생 각하게 됩니다. 직접 들어가 보면 정말 귀여운 할머니와 할아버지의 유쾌한 영상을 즐겁게 보 실 수 있습니다.

그럼 '먹스나'라는 채널명을 들으면 어떤 내용이 떠오르시나요?
먹스나는 먹방 채널로 '먹방'의 '먹'자와 Sniper(저격수)를 조합해서 만든 이름이라고 합니다. 먹 스나 채널에 들어가면 한 판의 음식을 빠르고 맛있게, 그리고 귀엽게 먹는 모습을 보여줍니다.

▲ 쉽게 기억되는 틱톡 채널명

넉스나 님은 꾸준히 '한 판만' 먹는 콘텐츠를 미리 보여주며 1,000만 명이라는 팔로워를 보유한 국내에서 몇 안 되는 틱톡커입니다. 이름만 봐도 어떤 채널인지 예측이 가능하다면 기억에도 더 오래 남고, 팔로우를 하지 않은 사람도 쉽게 검색해서 해당 채널을 찾을 수 있습니다.

하나 더 예를 들어보겠습니다. '세아쌤'하면 어떤 채널이 떠오르나요? 아무래도 '쌤'이라는 글자가 들어가 있으니 공부하는 채널 같다고 생각하실 겁니다. 세아쌤 은 중국어를 유창하게 하는 중국어 선생님입니다. 하지만 동시에 댄스 강사이기도 합니다. 이 채널에 들어가 보면 세아쌤만의 센스 있는 유머 감각으로 다양한 상황극을 연출한 영상들이 많습니다. 이 영상을 통해 중국어와 사자성어도 배울 수 있는 재밌고 유익한 채널입니다.

② 본인 이미지와 맞는 채널명을 정하자

해외의 경우 15살 나이에 1억만 명 이상의 팔로워가 있는 세계 1위 틱톡커 '찰리 다멜리오(Charli D'Amelio)'의 채널명도 인상에 남습니다. 한국에서도 '찰리'라고 불릴 정도로 인기가 많습니다. 미국 댄서 출신인 찰리가 통통 튀는 10대의 하이틴 감성을 자기만의 방식으로 표현해내는 모습이 정말 매력적으로 다가옵니다. 이름이나 실제 이미지에서도 시대에 맞게 여성적인 면과 시크한 중성적인 매력이 풍깁니다. 찰리 다멜리오라는 이름도 본인의 이미지와 딱 맞아떨어지고 발음도 강해서 기억에도 잘 남습니다.

찰리의 언니인 딕시 다멜리오(Dixie D'Amelio) 또한 어마어마한 끼와 매력으로 5천 만여 명의 팔로워를 보유하고 있습니다. 정말 단기간에 스타덤에 오른 찰리(Charli)와 딕시(Dixie)는 실제 할리우드로 이사를 가서 본격적인 연예계 활동을 펼치고 있습니다. 틱톡으로 최근 10대들에게 가장 핫한 할리우드 최고의 스타가 된 케이스입니다.

3 입에 착! 붙는 #수식어로 기억에 남자

제 채널의 경우 제 본명 '이지은'을 '지은이'라고 불렀을 때 '쥬니Juney'와 발음이 비슷해서 '쥬니'로 정했고 뒤에 '뚜뗄라'는 라틴어인데 '지도', '교사'라는 뜻을 포함하고 있어 제 아들인 우태를 지도하는 사람이라는 의미로 '쥬니뚜뗄라Tutela'라고 했습니다. 사실 초반에는 '쥬니뚜뗄라' 채널명을 사람들이 기억하기 쉽지 않을 수도 있다고 생각해서 해시태그로 사람들이 쉽게 기억할 수 있도록 남편의 의견에 따라 #강남맘이라는 수식어를 붙였습니다. 그래서 '쥬니'라는 이름을 기억하지 못해도 틱톡에서 #강남맘만 검색하면 쥬니 채널을 쉽게 찾을 수 있게 유도한 것입니다. 하지만 타 지역 이름의 맘들(예를 들어 인천맘, 안산맘 등)에 비해 #강남맘이라는 수식어가 친근감이 느껴지지 않는다는 의견이 있어 사용을 중단하였습니다.

▲ 수식어로 #강남맘 붙이기

틱톡 영상을 계속 만들고 아들 우태가 여러 영상 속에 출연하면서 우태를 알아보거나 우태의 영상 속 행동을 재밌어 하는 분들이 많아지면서 #우태베이비라는 해시태그를 사용하게 됐습니다. #우태베이비라고 검색하면 우태의 갓난아이 때 영상부터 최근 영상을 볼 수 있습니다.

그리고 제가 드라마 속 인물 패션 따라잡기나 상황별 패션 따라잡기를 하면서 #따라해쥬니라는 해시태그도 사용하게 됐습니다. 드라마 속 인물 캐릭터를 유머러스하고 사실적으로 연출해서인지 영상의 인기가 많았으며 상황별 패션 코디 조회 수도 높았습니다. #따라해쥬니로 검색하면 상위에서부터 쥬니의 패션 따라잡기 영상을 볼 수 있습니다.

▲ #우태베이비 영상 모음

▲ #따라해쥬니 영상 모음

02 나만의 감성 프로필 만들기

1 프로필 사진 업로드하기

틱톡 마이페이지의 메인 사진은 단시간 내에 나를 가장 효과적으로 어필할 수 있는 대표 이미지입니다. 전 틱톡을 시작할 때 어떤 콘텐츠의 영상을 주요 테마로 할지 정확한 가이드라인이 없었기에 아들 우태, 남편과 함께 찍은 가족사진을 프로필 사진으로 사용했습니다.

그러다가 점점 팔로워가 늘고 영상 또한 콘셉트가 서서히 자리 잡히면서 발랄하고 유쾌한 제 이미지를 표현할 수 있는 상반신의 단독 프로필 사진으로 교체했습니다. 최근에는 저만의 감성까지 어필할 수 있는 핑크 컬러 배경의 전신 프로필 컷을 새로 찍어 올렸습니다. 이렇게 나만의 틱톡 영상을 대표할 수 있는 이미지를 마이페이지 프로필 사진으로 올려 시청자들이 첫눈에 내 스타일을 알아볼 수 있도록 하는 것도 틱톡 채널을 키우는 중요한 팁이 될 수 있습니다.

▲ 첫 콘셉트, 가족사진

▲ 상반신 단독 프로필

프로필 설정은 사진 혹은 움직이는 동영상 모두 가능합니다. 사진이든 동영상이든 이미지 자체가 뚜렷하고 잘 보여야 합니다. 그리고 이름과 매칭되는 이미지가 좋습니다. 개인적으로 움직이는 영상보다는 깔끔한 사진으로 설정하는 것을 추천합니다.

> **Tip**
>
> 메인 프로필 사진은 처음부터 완벽하게 올리기보다는 저처럼 틱톡을 운영하면서 바꾸는 것도 괜찮다고 생각합니다. 시작이 반이니까요.

◀ 핑크 컬러 배경의 전신 프로필

2 짧고 임팩트 있게 자기소개 글 작성하기

마이페이지에서 프로필 편집을 탭하면 자기소개를 추가할 수 있습니다. 자기소개 역시 짧고 임팩트 있는 단어, 아이콘 등을 활용해 최대한 간략하게 적는 것을 추천합니다.

제 경우 한국어, 스페인어, 영어, 프랑스어, 중국어를 구사하는 강점을 제일 먼저 적었는데, 글로 일일히 적기보다 각 나라의 아이콘으로 올려 글자 수도 줄이고 손쉽게 5개 국어를 할 수 있다는 점을 강조했습니다. 그 아래에는 2018평창동계올림픽, 2019광주세계수영선수권 한영 MC와 같이 주요 경력이나 현재 직업 등을 짧게 단어로만 소개했습니다. 자기소개는 팔로워분들이 궁금해하는 요소를 미리 알려주는 첫 소통입니다.

2018평창동계올림픽|2019광주세계수영선수권
🏆 한영 MC
🔗 카카오톡 오픈채팅방
🔗 https://open.kakao.com/o/gayle6Qc
🔗 저한테 물어보세요

> **Tip**
>
> 자기소개 글을 쓰는 부분에 자신이 운영하고 있는 유튜브 또는 인스타그램 등의 URL을 함께 적어 놓으면 자신의 마이페이지에 온 유저들이 해당 링크를 클릭해 바로 방문할 수 있습니다.

03 틱톡 가이드라인 알아두기

1 틱톡 가이드라인 인지하고 지키기

틱톡은 잘 만든 단 하나의 영상이 전 세계에 바이럴되면서 하루아침에 유명 틱톡 스타가 될 수 있는 신기하고 재밌는 플랫폼입니다. 하지만 이렇게 반짝하고 뜬 행운을 놓치지 않기 위해서 는 먼저 틱톡에서 정해 놓은 가이드라인을 인지하고 이를 잘 지켜야 합니다. 특히 코로나 시대 에 접어들면서부터는 아무리 멋진 영상을 만들기 위해서라도 많은 인원이 모여서 영상을 촬영 하거나 외부에서 마스크 착용을 안 할 경우엔 사람들의 질타를 받기 쉽습니다.

틱톡에서는 한 번에 스타가 되기도 하지만 한 번에 나락으로 떨어질 수도 있습니다. 그래서 많 은 사랑과 주목을 받더라도 초심을 잃지 않는 것이 무엇보다 중요합니다. 틱톡 역시 플랫폼이 커지면 커질수록 다양한 문제를 사전에 예방하고 사용자들에게 보다 건강한 소통 환경을 제공 하기 위해 꾸준히 노력하고 있습니다. 그래서 만든 것이 틱톡 커뮤니티 가이드라인인데, 틱톡 시작 전 이 가이드라인을 먼저 잘 알아두는 것이 필수입니다. 이 틱톡 커뮤니티 가이드라인에 는 틱톡 플랫폼상의 규범과 기본적인 행동 방침이 잘 나와 있습니다. 허용되는 콘텐츠와 허용 되지 않는 콘텐츠에 대한 지침을 미리 숙지한다면 한 번의 실수로 그동안 노력해 쌓아온 팔로 워를 한번에 잃는 위험이나 의도치 않은 악플로 마음의 상처를 입는 문제를 줄일 수 있을 것입 니다.

2 틱톡의 중요 가치! '안전', '다양성', '포용', '진실성'

틱톡은 '안전', '다양성', '포용', '진실성'의 가치를 중요시하는 플랫폼입니다. 틱톡커들이 각자 의 개성을 마음껏 뽐내고, 서로 영감을 주는 콘텐츠에 자유롭게 참여할 수 있는 안전한 환경 조 성에 힘쓰고 있습니다. 각자의 개성을 존중하는 커뮤니티인 만큼 다양한 세계의 문화 규범을 따르고 존중하도록 장려하고 있습니다. 또 진정성 있는 콘텐츠 역시 중요합니다. 진실한 소통만이 건강한 창조와 공유를 일으킬 수 있는 중요한 키워드가 되기 때문입니다. 만약 틱톡이 정한 커뮤니티 가이드라인을 위반한 콘텐츠나 계정을 발견하면 앱 내의 기능을 통해 신고해야 합니다.

틱톡은 커뮤니티 가이드라인을 위반하는 모든 콘텐츠의 동영상, 오디오, 실시간 방송, 이미지, 댓글 및 텍스트 등을 삭제하는 제도를 운영하고 있습니다. 위반 결정 사항은 해당 개인에게 통지되며 사용자가 위반이 아니라고 생각할 경우 결정 내용에 항소할 수 있습니다.
단, 지속적이거나 심각한 위반이 발견되는 계정 및 디바이스는 일시적으로 정지하거나 사용을 금지하기도 합니다. 필요 시 해당 계정은 관련 사법 당국에 보고될 수도 있습니다.
틱톡의 알고리즘은 신뢰와 안전을 염두에 두고 설계됐다고 합니다. 스팸 및 검토 중인 동영상을 비롯해 일반 대중에게 불쾌감을 주거나 충격을 줄 수 있는 동영상 등 일부 콘텐츠에 대해서는 검색 결과를 바꾸거나 추천 피드 내 배포 제한 등을 통해 노출을 줄이고 있습니다. 틱톡이 안전한 플랫폼으로 유지될 수 있도록 수시로 커뮤니티 가이드라인을 업데이트하고 있으니 틱톡 사이트에서 가이드라인을 자주 읽어보는 습관을 들이는 것이 좋습니다.

 꼭 알고 있어야 할 틱톡 커뮤니티 가이드라인

- **폭력적 극단주의** : 플랫폼을 통해 위협 혹은 폭력을 조장하거나 위험한 인물 및 단체를 장려하는 것을 금지합니다. 다음과 같은 콘텐츠는 게시, 업로드, 스트리밍, 공유하지 마세요.
- **증오 행동** : 틱톡은 어떤 차별도 용인하지 않으며 다양성과 포용성을 중요시하는 커뮤니티입니다. 증오 발언이나 행동이 포함된 콘텐츠를 허용하지 않으며 틱톡 플랫폼에서 삭제합니다.
- **불법 활동 및 규제 대상 물품** : 법이나 규정을 위반하는 활동이 불가능한 플랫폼을 만들기 위해 노력하고 있습니다. 인간 착취를 포함한 범죄 활동의 묘사, 조장 혹은 촉진을 비롯해 특정 규제 대상 물품의 거래, 판매, 홍보 및 사용을 금지합니다.
- **폭력적이고 불쾌한 콘텐츠** : 창의성을 중요시하지만 충격을 위한 폭력적인 콘텐츠는 지양합니다. 불필요하게 충격적이거나 불쾌하고 잔인하거나 남을 괴롭히는 콘텐츠를 허용하지 않습니다. 극단적인 폭력이나 고통을 장려, 일상화 혹은 미화하는 콘텐츠도 마찬가지입니다.
- **자살, 자해 및 위험 행위** : 틱톡은 커뮤니티 구성원들의 건강과 웰빙을 소중하게 여깁니다. 자살, 자해 혹은 섭식 장애로 이어질 수 있는 활동을 묘사, 장려, 일상화 혹은 미화하는 콘텐츠를 허용하지 않습니다. 또 사용자들이 심각한 부상이나 사망에 이를 수 있는 위험한 행위에 자신이 참여한 모습을 묘사하거나 타인에게 참여를 권하는 콘텐츠도 허용하지 않습니다.
- **희롱 및 괴롭힘** : 괴롭힘에 대한 걱정 없이 개성 있는 자기표현이 가능한 포용적인 커뮤니티를 지향합니다. 커뮤니티 구성원들에 대한 모욕, 괴롭힘 혹은 희롱을 용인하지 않습니다. 학대성 콘텐츠나 행동은 심각한 심리적 스트레스를 초래할 수 있으며 틱톡 플랫폼에서 삭제됩니다.

- **성인의 알몸 노출 및 성적 활동** : 알몸 노출, 포르노 혹은 성적으로 노골적인 콘텐츠는 틱톡 플랫폼 상에서 허용되지 않습니다. 동의 없는 성 행위를 묘사 혹은 지지하거나 동의되지 않은 성적 이미지를 공유, 성인의 성착취를 묘사 혹은 지지하는 콘텐츠 또한 금지합니다.
- **미성년자 안전** : 플랫폼 내 미성년자의 안전을 대단히 중요시합니다. 틱톡상에서 미성년자를 학대, 착취 혹은 위험에 빠뜨리거나 해치는 활동을 금합니다. 틱톡은 미성년자를 18세 미만으로 정의합니다.
- **진실성 및 진정성 위반** : 틱톡은 신뢰가 커뮤니티의 주춧돌이라고 믿습니다. 플랫폼의 진실성과 사용자들의 진정성을 해칠 수 있는 활동을 허용하지 않습니다. 스팸 혹은 가짜 인터랙션, 사칭, 허위 정보를 통해 피해를 입히거나 지식재산권을 위반한 콘텐츠나 계정을 삭제합니다.
- **플랫폼 보안 저해** : 틱톡 정책은 틱톡 서비스의 보안과 신뢰성을 저해할 수 있는 모든 활동을 금지하고 있습니다. 틱톡 웹사이트, 앱 혹은 관련 네트워크를 해킹하거나 사용자 액세스를 제한하기 위한 조치를 우회하려 하지 마세요.

(2021년 1월 기준, 보다 자세한 내용은 틱톡 코리아 사이트를 참고)

3 건강한 틱톡 문화 만들기

사람들의 시선은 대부분 비슷하다고 생각합니다. 내가 재밌다고 느낀 영상은 다른 사람들도 재밌어 하고, 내가 불편한 영상은 다른 사람들도 불편해합니다. 내가 봐도 불편한 영상이 가장 안 좋은 콘텐츠인 것 같습니다.

예를 들어 동물과 함께한 영상에서 강아지를 때리는 것은 아니지만 미세하게 불편한 마음이 드는 영상, 강아지를 학대하는 것은 아니지만 너무 부려먹어 기분 나쁘게 불편한 영상은 비호감을 줄 수 있습니다. 특히 아이와 함께 나오는 영상은 항상 이슈가 많이 되기 때문에 조심 또 조심해야 합니다. 본인 스스로 불편하다고 느끼지 않아도 보는 사람이 어떤 포인트에서 불쾌해할 수도 있으니 다른 사람들의 입장을 잘 고려해야 합니다.

그리고 간혹 집에 불이 난 상황을 촬영하거나 노인이 길을 가다가 넘어지는 모습을 촬영해서 올리는 경우가 있습니다. 이런 장면을 신기하고 특이하다고 생각한 것 같은데, 보는 이들의 눈살을 찌푸리게 하는 영상들입니다.

만약 불이 활활 타고 있는 집을 촬영한다면 조회 수가 많을 수는 있지만 다른 사람의 아픔을 조회 수를 올리는 데 사용한 셈이 됩니다. 분명 기본적인 예의에 어긋나는 행동입니다. 길에서 노인이 넘어졌다면 그 영상을 찍어 올리기보다는 먼저 넘어진 노인을 도와드리는 것이 우선이겠죠?

조회 수만 높이기 위해 영상을 올린다면 그 크리에이터는 다른 사람들에게 부정적인 영향을 끼치는 사람이 되고 그 채널 또한 나쁜 채널로 인식될 것입니다. 인플루언서(Influencer)란 선한 영향력을 끼치는 사람을 말합니다.

최소한 선한 영향력을 끼치지는 못한다고 해도 나쁜 영향력을 끼치는 틱톡커가 되지 않았으면 하는 바람입니다. 아무리 조회 수를 올리고 싶더라도 올리기 전에 다시 한 번 스스로 점검하길 추천합니다.

진심으로 안전한 틱톡 문화를 만들기 원한다면 이 점을 꼭 염두에 둬야 합니다.

간혹 높은 곳에서 뛰어내리거나 위험해 보이는 영상이 틱톡 추천에 뜰 때가 있습니다. 이런 영상에는 틱톡 측에서 유해할 수 있다는 메시지를 넣어 블러 처리를 하는데, 시청자 각자가 그 영상의 시청 여부를 선택할 수 있습니다. 어떤 영상을 올리느냐도 중요하지만 틱톡 가이드라인을 지키지 않은 영상은 되도록 보지도 공유하지도 않는 습관을 들이면 한결 더 안전하고 건강한 틱톡 문화 형성에 일조할 수 있습니다.

틱톡 영상 따라하다 3도 화상을 입다

2021년 5월경, 미국의 13살 소녀 데스티니가 '틱톡'에서 즐겨보던 영상을 흉내 내다 3도 화상을 입었습니다. 오리건 주 포틀랜드에 사는 소녀는 평소 자주 보던 틱톡 채널에 나온 대로 가연성 액체를 바르고 라이터 불로 그림을 그렸습니다. 갑자기 알코올에 불이 붙으면서 폭발이 일어났고 화장실 일부가 타고 데스티니 크레인은 불길에 휩싸이면서 목과 오른팔에 심한 화상을 입었습니다. 소녀는 입원해 2주 치료를 받았고 피부 이식 수술을 세 번이나 했습니다.

환기가 되지 않는 밀폐된 화장실에서 알코올에 불을 붙인 것이 사고의 원인이었습니다. 틱톡에서는 "부상으로 이어질 수 있는 위험한 도전 영상을 장려하거나 따라하는 콘텐츠를 허용하지 않는다."라고 입장을 밝혔습니다.

04 틱톡 프로그램에 적극 참여하기

1 주간 챌린지 참여하기

틱톡이 사용자들의 참여를 이끄는 대표적인 방법 중 하나가 바로 '챌린지'입니다. 2020년 1월, 가수 지코(ZICO)의 신곡 '아무노래'에 맞춰 여러 셀럽들이 함께 춤을 추는 틱톡 댄스 챌린지가 큰 열풍을 불러일으키면서 국내에도 챌린지 붐이 일어났습니다. 스마트폰의 발달로 많은 사용자들이 텔레비전과 멀어지면서 가수들 역시 신곡이 나오면 틱톡과 협업해 지코처럼 본인의 노래를 간단한 댄스로 챌린지를 만들어 홍보하는 새로운 마케팅 전략을 시도하고 있습니다.

82페이지에서 설명했듯이 "주간 챌린지"는 정해진 날짜가 있으니 미리미리 촬영해야 관리자 분이 미리 보고 메인 노출을 해줄 가능성이 높아집니다. 틱톡에서 밀고 있는 주간 챌린지를 확인하는 방법은 다음과 같습니다.

주간 챌린지는 틱톡에서 제공하는 크리에이터Newsletter에서 확인할 수 있습니다. 틱톡 홈화면에서 하단의 [알림]을 탭하고 [TikTok에서 제공] 창이 나타나면 하단의 [TikTok에서 제공]을 탭합니다. 다시 나타나는 [TikTok에서 제공] 창에서 [TikTok: 틱톡 라이브 호스트 미션 이벤트]를 탭하면 여러 이벤트 관련 알림이 뜹니다. 여기서 [차주챌린지 뉴스레터]를 탭하면 주간 챌린지 페이지로 이동합니다.

자신의 채널을 키우고자 한다면 이런 챌린지에 참여해 추천될 확률을 높일 수 있습니다. 또 가장 트렌디한 콘텐츠로 손꼽히는 챌린지 영상을 자주 찍다 보면 틱톡만의 감성도 스스로 익힐 수 있습니다. 저도 틱톡 시작 초반에는 다른 사용자의 챌린지를 열심히 보고 영상도 자주 촬영했습니다.

▲ 크리에이터Newsletter로 주간 챌린지 들어가기 ①

▲ 크리에이터Newsletter로 주간 챌린지 들어가기 ②

2 정보 전달 테마 '#틱톡샘' 참여하기

틱톡이 가장 밀고 있는 콘텐츠가 바로 정보 전달을 테마로 한 #틱톡샘, #틱톡교실 프로그램입니다. 이를 위해 틱톡에서 지식 및 정보 전달 콘텐츠 크리에이터들을 지원하는 '틱톡교육프로그램'을 운영하는데, 만약 자신이 지식이나 정보 전달쪽의 콘텐츠 영상을 제작하고자 한다면 이런 프로그램을 적극 활용하면 좀 더 쉽게 팔로워를 늘리는 데 도움이 될 수 있습니다.

틱톡은 서울산업진흥원, 경기도 교육청 등과 같은 여러 기관과 협업을 진행하고 있고, 교수, 교사, 학자, 의사, 교육 크리에이터들이 틱톡교실에 적극 참여하고 있습니다. #틱톡샘 관련 콘텐츠 영상을 제작하면 틱톡의 트래픽 지원을 통해 추천 피드 노출 기회를 제공받을 수 있으니 #틱톡샘, #틱톡교실 해시태그의 정보 전달 콘텐츠도 눈여겨보기 바랍니다. 주기는 정해져 있지 않지만 가끔씩 #틱톡교실 지원자를 뽑아 틱톡 코리아 관리자가 카카오 단톡방을 만들어 정보 전달 채널을 양성한다고 하니 지원 기간에 꼭 참여해 보세요.

▲ 정보 전달 테마의 '이 변호사' 채널

3 틱톡 소식! 틱톡 검색으로 GO!

무작정 틱톡을 시작하기보다는 먼저 틱톡 세계를 잘 파악하면 좀 더 내 채널을 쉽고 빠르게 키울 다양한 방법들을 찾아낼 수 있습니다. 그래서 저는 항상 틱톡 내 '검색' 카테고리를 늘 체크합니다.

검색에 들어가면 상단에 가장 큰 광고 페이지가 있는데, 이곳에는 현재 틱톡 코리아에서 진행하고 있는 다양한 이벤트와 틱톡 차트(틱톡에서 제일 핫한 틱톡커 매주 업데이트), 그리고 '도전! 뷰티 힙톡커' 같은 콘테스트와 틱톡 연예종합일간지 콘셉트의 K-ent 코너를 둘러볼 수 있습니다. 적을 알고 나를 알아야 백전백승이라는 속담이 있듯이 틱톡을 잘 알아야 트렌드 파악을 좀 더 빠르게 할 수 있고, 그만큼 자신의 채널도 빨리 키울 수 있습니다.

▲ 틱톡커 라이브 빅 매치

▲ 틱톡커 차트

▲ K-ent

▲ 틱톡 뉴스타 프로젝트

142

PART 03에서 언급했던 '도전! 뷰티 힙톡커' 콘테스트도 틱톡 소식을 보다가 알게 됐는데, 틱톡 코리아에서는 처음으로 진행한 콘테스트였고, 테마는 메이크업이었습니다. 콘테스트는 우승 상금뿐만 아니라 '뷰티 힙톡커'가 될 수 있는 기회를 제공해 주는 행사로 채널을 성장시키기 위해 참여하면 좋습니다.

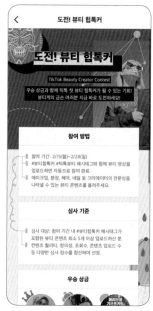

▲ 도전! 뷰티 힙톡커 콘테스트

이렇게 매번 주제를 달리해 콘테스트를 진행하기 때문에 틱톡 검색 내 뉴스를 잘 보고 자신에게 맞는 주제의 콘테스트에 참여하는 것도 꼭 우승을 하지 않더라도 성장하기에 정말 좋은 방법입니다. 틱톡에 들어가면 매일 한 번 '검색'에서 틱톡 뉴스를 꼭 체크하는 습관을 들이는 것이 좋습니다. 다양한 코너와 이벤트에 도전해 성장하고 인기도 높이는 좋은 기회가 될 수 있기 때문이죠.

4 트렌드 익히는 가장 좋은 방법! 틱톡 차트 둘러보기

틱톡 차트 코너에는 패션, 뷰티, 푸드, 스포츠, 게임, 코미디 등 총 6개 분야별 톱 틱톡커와 인기 영상을 볼 수 있습니다. 매주 #틱톡패션, #틱톡뷰티, #틱톡푸드, #틱톡스포츠, #게임꿀팁, #틱톡순삭 등 각 카테고리에 맞는 해시태그 관련 영상을 올리면 틱톡 대표 크리에이터에 바로

참여할 수 있습니다. 직접 해당 카테고리에서 제시하는 주제의 챌린지에 참여하는 것도 좋은
방법입니다. 여기서 핫한 크리에이터들의 영상들을 보면서 감각을 익히는 것도 내 채널을 빨
리 키우는 데 도움이 됩니다.

▲ 분야별 틱톡 차트

해시태그 다는 법은 크리에이터마다 스타일이 다 다릅니다. 아예 해시태그를 넣지 않기도 하고 최대한 많이 넣기도 하는데, 저는 연간 해시태그 몇 가지만 간략하게 넣고 매주 틱톡에서 업데이트되는 틱톡 차트에서 가장 핫하게 밀고 있는 주간 챌린지 해시태그들을 다는 방법을 적극 추천합니다.

제가 소속해 있는 샌드박스처럼 크리에이터나 인플루언서의 성장을 돕는 회사를 멀티 채널 네트워크(MCN, Multi Channel Network)라고 합니다. 틱톡은 이런 멀티 채널 네트워크와 제휴를 맺어 회사에 소속된 크리에이터들과 다양한 협업을 진행합니다. 틱톡 내에는 국내 MCN 기업의 순위를 볼 수 있는 코너가 있는데, 2021년 4월 14일 기준 1위가 우쥬록스(UZUROCKS), 2위가 순(SOON), 그리고 3위가 샌드박스(SANDBOX)로 랭킹이 기록돼 있습니다. 이런 MCN 기업들의 소속사 크리에이터들의 영상을 둘러보는 것도 틱톡의 트렌드를 빠르게 파악하는 데 도움이 됩니다. 이 외에도 연예인들의 순위는 물론 주간 급상승한 틱톡커들도 둘러볼 수 있으니 꼭 참고하기 바랍니다.

▲ 국내 MCN 기업 순위와 소속 틱톡커

5 트렌드 음원으로 추천 페이지 노출 확률 높이기

틱톡의 가장 큰 장점이 바로 다른 채널과 달리 음원 사용이 자유롭다는 것입니다. 따라서 영상에 음원을 더하면 더욱 완성도 높은 콘텐츠를 제작할 수 있습니다. 퀄리티 높은 영상을 제작했다는 성취감도 높일 수 있고, 최근 유행하는 트렌드 음원을 활용하면 내 영상을 추천 피드에 노출시킬 확률 또한 높아집니다. 그러므로 초보자라면 내 영상의 조회 수를 높이기 위해 이런 트렌드 음원으로 영상을 제작하는 것을 적극 추천합니다.

트렌드 음원은 틱톡 촬영 화면으로 들어가면 상단의 [사운드]를 탭해서 쉽게 찾아볼 수 있습니다.

▲ 트렌드 음원 찾기

또 추천 페이지에서 본 영상 음원을 바로 사용하고 싶을 때에는 영상 하단의 음원을 탭하면 그 음원을 사용한 영상들이 나옵니다. 그런 다음 가장 하단에 있는 [이 사운드 사용하기]를 탭하면 바로 그 음원을 사용할 수 있습니다. 영상에서 가져온 음원으로 내가 원하는 영상을 촬영하면 됩니다.

▲ 추천 페이지 영상 사용

▲ 가져온 음원으로 영상 촬영

05 순간의 아이디어도 놓치지 말기

📊 순간의 아이디어를 그대로 표현하기

크리에이터라면 항상 콘텐츠 기획에 대한 부담이 있습니다. 이 기획을 부담스럽다고 생각하지 말고 좋은 스트레스라 여기며 즐기는 자만이 진정한 크리에이터로 발돋움할 수 있다고 생각합니다.

전 틱톡 영상을 보면서 마음에 드는 영상을 발견하면 바로 좋아요를 누릅니다. '나중에 다시 한 번 봐야지' 하고 무심히 넘기면 아이디어도 사라지고 그 영상을 찾기도 힘들기 때문에 '좋아요'를 눌러 놓으면 내 좋아요 카테고리에 해당 영상이 쌓이게 됩니다. 이 영상들을 천천히 둘러보면서 내 삶과 적용해 나만의 재밌는 아이디어를 다시 기획할 수 있습니다.

일상생활을 하다가도 문득 아이디어가 떠오르면 바로 기록합니다. 이때 종이와 펜을 찾다 보면 그 순간에 떠오른 대사나 단어, 감정, 표현 등을 잊어버리기도 합니다. 또 컴퓨터에 앉아 기획하려고 하면 살아 있는 아이디어가 나오지 않습니다. 전 순간의 감정을 그대로 표현한 영상이 사람들의 공감대를 더 높게 얻을 수 있는 좋은 콘텐츠라고 생각하며 항상 손에 쥐고 있는 스마트폰에 바로 기록하는 습관을 들였는데, 제 기록 도구는 바로 카카오톡입니다. 카톡 중 나에게 톡 보내기 기능이 가장 접근성이 빠르고 효과적인 메모 도구입니다. 여기에 순간순간 생각나는 모든 아이디어를 기록하고, 그 감정이 사라지기 전에 빨리 영상을 만듭니다.

2 자신의 창의성을 발휘하는 콘텐츠 기획하기

아무리 좋은 콘텐츠라도 내 삶과 동떨어지면 금세 재미가 없고 시들해지기 마련입니다.
어떤 주제의 영상이든 그 속에 나와 내 삶을 적용시키는 것이 중요합니다. 제 경험상 단순히 트렌드를 쫓기보다는 내 삶이 묻어나는 영상들이 틱톡에서 급상승할 확률이 높습니다. 유행하는 영상이라도 내 스타일대로 재해석하는 것이 중요합니다.

그렇게 자신의 창의성이 발휘되도록 하는 것이 틱톡에서 추구하는 목표이자 미션입니다. 남의 것을 똑같이 따라해도 내 색깔이 없으면 매력적이지 않습니다. 사람이든 콘텐츠든 사람을 끌 수 있는 매력이 반드시 있어야 한다는 점 잊지 마세요! 그런 점에서 나를 알고 나를 매력적으로 만들 수 있는 노력과 내 안의 숨은 재능을 찾아내는 시간을 갖는 것도 중요합니다.

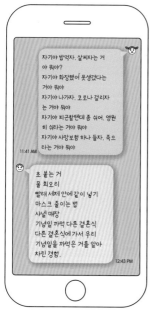 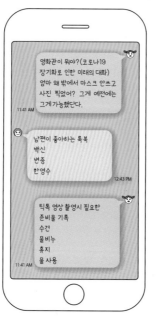

▲ 실제 쥬니의 카톡 메모

06 캡션 및 해시태그 만들기

1 영상 내용을 잘 설명하는 핵심 문구만 담기

영상을 기획하고 촬영하는 것도 중요하지만, 영상의 캡션과 해시태그 또한 중요합니다. 빨간 박스 부분을 캡션(Caption)이라고 합니다. 영상에 대한 설명란인데, 이 부분에는 영상 설명과 이모티콘, 그리고 해시태그를 쓸 수 있습니다.

캡션을 작성하다 보면 이것도 써야 할 것 같고 저것도 써야 할 것 같고, 해시태그도 여러 개 넣어야 할 것 같아 고민이 많이 생깁니다. 제 경험상 노하우를 알려드리자면 글은 짧고 간결할수록 좋습니다. 제 영상도 초반에는 담고 싶은 내용이 너무 많아 '자세히 보기'도 내용이 접혀지곤 했습니다.

▲ 캡션이 적당한 좋은 예

▲ 캡션이 긴 나쁜 예

우선 캡션이 길어지면 영상이 깔끔해 보이지 않고, 글이 많을수록 집중해야 하는 부분이 많아 시선이 분산되어 결국 이도 저도 아닌 상태가 됩니다. 영상 관련 내용을 가장 잘 설명하거나 궁금증을 유발할 만한 문구 또는 관련 해시태그를 넣는 것을 추천합니다. 이때 글이 너무 길어서 '자세히 보기'로 넘어가지 않도록 주의하세요.

▲ 캡션의 다양한 예

채널 특성에 따라 틱톡커마다 캡션을 적게 혹은 많이 달기도 합니다. 또 어떤 분들은 아예 캡션을 사용하지 않기도 하죠. 따라서 캡션에 대한 정답은 없습니다. 설명이나 해시태그가 없다고 추천이 되지 않는 것은 아니기 때문입니다. 개인적으로는 영상마다 캡션을 적당히 달아주는 것을 추천합니다.

2 미리보기 기능으로 글줄 확인하기

틱톡의 경우 타 플랫폼들과 달리 한 번 업로드된 영상은 아무것도 수정할 수 없습니다. 영상뿐만 아니라 캡션도 절대 수정이 안됩니다. 따라서 철저한 오타 확인이 필요합니다.

원래는 캡션 미리보기 기능이 없었지만 최근 업데이트로 캡션 화면에서 영상을 클릭하면 캡션의 완성본을 미리보기할 수 있어서 글씨가 초과돼 '자세히 보기'로 넘어갔는지 아닌지 확인할 수 있습니다. 예전에는 다 감으로 했는데 이제는 줄 맞춤까지 미리보기가 가능해졌습니다. 귀찮아도 한 번 더 확인하고, 업로드하는 것을 추천합니다.

▲ 미리보기 기능 설정하기

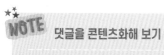
캡션 문구를 작성할 때 해당 영상의 설명도 좋지만 소통을 끌어낼 수 있는 글도 좋습니다. 예를 들어 '유치원 등원 패션' 영상에서 "다음 패션 뭐할까요?"라고 캡션을 달아두니 많은 분들이 다양한 아이디어를 제시해 주셨습니다. 그렇게 요청해 주신 댓글을 콘텐츠화하면 많은 분들이 좋아해 주시고, 소통할 수 있는 분위기가 조성됩니다.

#따라해쥬니 다음 패션 뭐할까요? 🙄 🤍 #유치원등원 #틱톡패션 #틱톡순삭

07 커버 선택하기

1 궁금증을 유발할 만한 커버 선택하기

커버는 내 프로필을 탭해서 들어온 시청자들에게 다른 영상을 볼 수 있게 유도할 수 있는 가장
좋은 사진입니다. 틱톡의 경우 커버가 한 장의 프레임이 여러 장의 프레임으로 움직이는 사진
처럼 보입니다. 그렇기 때문에 신중하게 설정할 필요가 있습니다. 가장 궁금증을 유발할 만한
사진을 선택할 것을 추천합니다.

우선 캡션을 작성한 후 '커버 선택'을 탭한 다음 그림이 나오면 영상 안에 있는 프레임에서
커버를 선택할 수 있습니다. 그리고 73쪽에서 설명했듯이 텍스트도 자유롭게 작성할 수 있
습니다.

▲ 커버 선택하기

앞의 영상은 '동창회 패션 따라잡기'로, 작성한 텍스트는 "Hey, 모두들 안녕!"이었습니다. 동창회에 갔을 때 인사하는 문구를 예전에 미스코리아 이하늬 씨가 불렀던 노래 가사가 생각나 쓰게 됐습니다. 나의 존재감을 알리겠다는 뉘앙스의 문구입니다.

'유치원 등원 패션 따라잡기'의 경우 아침마다 전쟁을 치르는 상황을 모티브로 "아침마다 전쟁이다."라는 문구를 적었습니다. 물론 커버 사진에도 '유치원 등원 패션 따라잡기'라고 쓸 수도 있었지만 좀 더 궁금증을 유발하기 위해 내용을 전부 쓰기보단 저만의 문구를 작성하게 됐습니다. 이렇게 커버와 문구 작성에 신경 쓰다 보면 프로필을 보고 처음 들어온 사람들은 틱톡커의 다른 영상을 시청할 확률이 높아집니다.

2 영상별 커버 제목 작성하기

최근 틱톡 피드는 각 영상이 어떤 내용인지 대강 보이기 때문에 탭을 유도할 가능성이 높지만 초창기 제 채널의 피드는 각 영상이 어떤 영상인지 한눈에 알아보기 쉽지 않았습니다. 하지만 지금은 커버와 캡션 문구만 봐도 어떤 내용인지 짐작할 수 있습니다.

▲ 초창기 쥬니 채널 피드

▲ 최근 쥬니 채널 피드

08 업로드 후 영상 모니터링하기

업로드 후 최소 15~30분 소통에 집중하기

영상이 업로드되면 가장 피 말리는 순간이 옵니다. 조회 수 알고리즘을 잘 타고 올라가는지 아닌지 모니터링하는 순간이기 때문입니다. 이때 영상이 업로드가 되자마자 댓글을 달아주는 팬들에게는 최대한 답글을 많이 달아주는 것이 좋습니다. 영상이 업로드되고 조회 수, 좋아요, 댓글에 따라 추후 추천 알고리즘이 설정되기 때문에 일찍 와준 팬들은 정말 고마운 분들입니다. 이분들의 데이터를 기반으로 추천이 쭉쭉 걸릴 수 있습니다.

그러므로 아무리 바빠도 영상 업로드하고 최소한 15~30분은 소통에만 집중해 주세요. 댓글 좋아요도 눌러주고 답글도 최대한 많이 달아주세요. 그래야 이분들도 또 일찍 오려고 할 것입니다. 이때가 팬덤(찐팬)을 확보하기 가장 좋은 시기입니다.

영상이 올라간 후 보통 1시간까지 조회 수가 쭉쭉 올라가게 됩니다. 그러다 조회 수 상승세가 조금 줄어드는데 좋은 콘텐츠들은 다시 가속도가 붙어 조회 수가 올라가는 경우가 많습니다. 간혹 처음부터 쭉 가속도 있게 올라가기도 합니다. 하지만 보통 업로드 1시간 이후에는 조회 수 가속도가 조금 줄어들다 다시 올라가고요. 따라서 틱톡 영상을 업로드한 후 최소 1시간은 모니터링 하는 것을 추천합니다.

캡션에 안 들어가는 공지 사항이나 부연 설명은 댓글로 소통하면 됩니다.

▲ 댓글과 좋아요로 소통하기

♪ TikTok

09 위기를 기회로, 콜라보레이션에 도전하기

1 누구나 한 번 찾아오는 채널의 정체기

모든 채널 성장에는 다양한 길이 있습니다. 팔로워 수가 잘 늘다가도 어느 날 갑자기 정체기가 오는 순간도 있고, 어느 경우엔 예전 영상이 갑자기 조회 수가 올라가면서 팔로워가 늘어날 때도 있습니다. 저 또한 지난 1년 동안 이런 일들을 모두 겪었습니다. 첫 영상부터 조회 수와 팔로워가 쭉 올라갔지만 팔로워가 50만 명이 됐을 때 정체기가 왔습니다. 50만 명의 팔로워를 보유하게 되면 일명 파란 진드기(인증 마크)가 아이디 옆에 붙게 됩니다. 연예인이나 유명한 사람에게 주는 인증 마크입니다.

당시 목표 달성 50만 명이 됐을 즈음, 대학교 시절부터 애지중지 키우던 강아지 복둥이가 갑작스럽게 무지개다리를 건너면서 재밌는 콘텐츠 아이디어가 한동안 떠오르지 않았고 콘텐츠 기획에 대한 감도 잃게 됐습니다. 하지만 소속사와 같이하는 일이기 때문에 책임감을 갖고 예전처럼 자주는 아니어도 가끔 영상을 올렸습니다. 역시 조회 수는 거짓말하지 않았습니다. 조회 수 1만을 넘기기가 쉽지 않을 때도 있었고, 예전처럼 안정적인 조회 수가 나오지 않자 자연스럽게 광고도 끊겼습니다.

2 콜라보로 정체된 팔로워 수 다시 급증

하지만 우연한 기회에 틱톡커 꼰야님과 콜라보를 하게 됐습니다. 당시 핫했던 펜트하우스의 심수련과 천서진의 콘셉트로 심쥬련 & 꼰서진으로 틱톡 트렌드 영상을 촬영했습니다. 정말 간단한 영상이었지만 제 채널의 조회 수 신기록 영상을 만들게 됐습니다. 그 영상은 4천 7백만 뷰의 조회 수를 기록했고 정체됐던 팔로워 수도 급증했습니다. 그 후에도 심쥬련 & 꼰서진 콘셉트로 다양한 연기 영상을 시도했는데, 예전에 하지 않았던 포맷의 영상들도 새롭게 시도하는 계기가 됐습니다.

게 채널은 기록형으로 시작했지만 남편도 본업이 있고, 아이도 나이가 너무 어려서 채널이 커질수록 어느 순간부터 지속적으로 촬영할 수 없게 됐습니다. 그래서 남편에게 사정 사정해서 영상을 찍거나 아이가 정말 기분이 좋을 때에 맞춰 촬영하려니 저도 점점 힘이 들고 결국 혼자 촬영하는 영상이 늘기 시작했습니다. 하지만 같이하던 콘텐츠를 혼자 하려니 콘셉트를 다시 잡기 쉽지 않았습니다.

그래서 꼰야님을 시작으로 다양한 틱톡 크리에이터들과 콜라보를 통해 서로 공감하면서 많이 배울 수 있는 기회를 갖게 됐습니다. 하지만 너무 잦은 콜라보는 자칫하면 채널의 정체성을 잃어버릴 수 있기 때문에 내 채널의 색깔을 유지하면서 콜라보하는 것을 추천합니다.

▲ 심쥬련 & 꼰서진 틱톡 트렌드 영상   ▲ 스페인어 vs 중국어 콜라보 영상

159

10 틱톡커 필수 조건 3가지 기억하기

1 트렌드 빠르게 파악하기

틱톡은 채널 특성상 트렌드를 얼마나 빠르게 따라가느냐, 즉 속도 싸움이라 볼 수 있습니다. 제가 느끼기에 틱톡은 유튜브 시장보다 약 2.5배 그 속도가 빠른 것 같습니다. 유튜브는 유행하는 콘텐츠를 조금 나중에 찍어 업로드해도 기존 보유한 팔로워가 있기에 예상되는 뷰가 나올 수 있습니다. 또 팬덤이 형성돼 있으면 크리에이터가 어떤 콘텐츠를 제작하더라도 좋아해 주는 팬들이 많습니다. 하지만 틱톡은 어느 정도의 팔로워를 보유해도 그 영상이 식상하면 사람들의 평가가 바로 드러나고 추천 영상에도 뜨지 않습니다. 그래서 트렌드를 항상 잘 파악해야 합니다. 아무리 팔로워가 많아도 노력을 게을리 하면 금세 뒤쳐질 수 있습니다.

조회 수가 떨어지는 것이 바로 바로 보이므로 매번 성적표를 받는 기분이 듭니다. 하지만 반대로틱톡은 영상 하나만 잘 찍어도, 보유한 팔로워가 없어도 조회 수가 급상승할 수 있는 기회의 장이 됩니다. 그러므로 포기하지 않는 인내가 필요합니다. 실력이 뒷받침돼야 트렌드에 따라갈 수 있습니다. 내가 오늘 이 영상을 촬영하겠다고 하고 그 약속을 지키지 못하면 내일이라도 당장 촬영을 해야 합니다. 틱톡에서 트렌드 영상은 2~3일만 지나도 금세 식상해집니다. 비슷한 영상이 너무 많기에 '이 영상 또 그거구나!' 미리 짐작하고 아예 보지도 않고 넘겨 버리는 경우가 많습니다. 따라서 빨리 몸을 움직여 실행하지 않으면 높은 조회 수를 기대할 수 없습니다.

영상을 만들기 전에 무엇을 찍을지 분석하고 고민하는 것을 즐기는 것이 좋습니다. 하지만 너무 고민을 많이 하면 실행력이 약해질 수 있고 자신감을 잃을 수도 있습니다. 적당한 고민을 즐기면서 하되 적절히 빠르게 실행하는 것이 성공의 지름길이 아닐까 싶습니다.

2 스마트폰과 조명 준비하기

틱톡 기획부터 촬영, 편집 모두 스마트폰 하나로 해결할 수 있습니다. 초보자의 경우 장비 욕심을 부리지 말고 틱톡이 제안하는 기능들로 기본기를 탄탄하게 다지기를 추천합니다. 그리고 셀프 영상의 든든한 친구가 돼 줄 삼각대와 더 필요하다면 조명도 갖추기 바랍니다. 전 스마트폰에 꽂는 간단한 링라이트 방식의 조명을 사용합니다. 워낙 틱톡 영상 화질 자체가 뛰어나서 그냥 찍어도 되지만 밤에 빛이 잘 들어오지 않는 공간에서 촬영할 경우 링라이트 방식처럼 간단한 조명 하나쯤은 구비해 두는 것도 좋습니다.

▲ 스마트폰과 링라이트로 촬영하는 모습

3 Be myself, 진짜 나의 모습을 보여주기

틱톡 시작 전에 개인 유튜브 채널을 운영했지만 출산 후 콘텐츠의 방향을 잃게 됐습니다. 생각해 보니 제 인생은 출산 전과 달라졌는데, 전 여전히 출산 전의 저의 캐릭터로 유튜브 영상을 제작하고 있었습니다.

그러니 재미도 없고 조회 수도 나오지 않았습니다. 환경이 바뀌었음을 알아차리지 못한 것입니다. 그러나 틱톡에서는 팔로워 0으로 시작했기에 절 아는 사람이 없다고 생각하니 엄마가 된 제 본 모습을 잘 담을 수 있었던 것 같습니다. 제 모습이 그대로 담기니 저 역시 즐겁고 제 영상을 보시는 분들도 그런 점에 많이 공감해 주신 것 같았습니다. 스스로를 솔직히 드러낼수록 더 재밌는 콘텐츠가 나오니 진정한 나를 보여주세요.

PART 05

건강하고 단단하게
틱톡 채널 키우기

어느 정도 틱톡 활용법을 익히고 노하우를 습득했다면 이젠 틱톡커의 멘탈 관리를 할 차례
입니다. 이번 파트에서는 꾸준하게 열심히 하는 기준에 대해 알아보고, 채널 운영을 하면서
어떻게 마인드 컨트롤을 해왔는지를 설명하겠습니다.

01 1일 1틱톡? 영상 업로드의 모든 것

1 많은 영상을 촬영하면서 감을 잡아라

초반부터 퀄리티 높은 영상을 만들 수 있다면 더할 나위 없이 좋겠지만 그렇지 못하다면 양으로 승부하는 방법밖에 없습니다. 영상을 많이 촬영하다 보면 내가 어떤 영상을 잘 촬영하고 못하는지를 객관적으로 바라볼 수 있습니다.

그렇다면 틱톡 영상은 얼마나 자주 올리는 것이 좋을까요? 많은 틱톡커들이 1일 1콘텐츠를 목표로 포스팅을 합니다. 저도 초창기에는 1일 1틱톡부터 3틱톡까지 올렸습니다. 틱톡을 이제 시작하는 분들이라면 최소 무조건 1일 1틱톡에서 3틱톡까지 권하고 싶습니다.

빠른 시간 안에 틱톡에 대한 감을 익히기 위해서는 자주 연습하는 것이 가장 효과적인 방법입니다. 앞서 설명했듯이 '주간 챌린지'에 꼭 참여하고, 추천 페이지에서 재밌거나 찍고 싶은 영상들에는 꼭 '좋아요'를 탭합니다. 좋아요를 탭하면 내가 좋아하는 영상 리스트를 내 틱톡 홈페이지에서 볼 수 있습니다. 이 리스트는 나만 볼 수 있도록 설정할 수 있으므로 촬영할 때 참고할 수 있습니다.

이렇게 1~3개월 틱톡 영상을 촬영해 올리다 보면 촬영과 편집 실력이 늘게 됩니다. 모방은 창조의 어머니라는 말이 있듯이 계속 시도하면서 이런저런 방법으로 촬영하다 보면 노하우도 생기고 나만의 촬영 각도, 조명 위치, 편집 스타일을 찾을 수 있습니다.

채널의 영상 업로드 수는 각 채널에 따라 다를 수 있습니다. 저는 패션 영상으로 자리 잡은 뒤부터는 1일 1틱톡을 하는 데 너무 많은 시간이 걸리기 때문에 2~3일에 1개 즉, 1주일에 최소 2~3개의 영상을 올리는 것을 목표로 기획을 하고 있습니다. 영상 하나 하나 패션 리서치도 하고, 소품도 구입해서 정성을 들여서 제작합니다. 여러분도 어느 정도 감을 익힌 뒤에는 양보다는 질을 향상시키기 위해 노력해야 합니다.

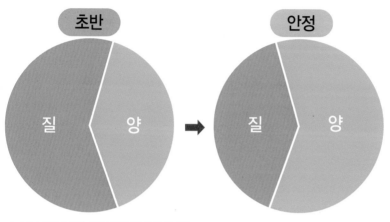

▲ 틱톡 시작 초반과 안정기 업로드 방법의 변화

2 영상을 꾸준히 업로드하는 습관을 들이자

열심히 촬영한 영상은 언제 업로드하는 것이 좋을까요? 촬영하고 바로, 아니면 아침 일찍 혹은 자기 전에?

영상 업로드 시간은 영상 조회 수의 큰 영향을 미칩니다. 물론 좋은 콘텐츠는 언제 올리든 언젠가는 조회 수가 올라가긴 하지만 웬만하면 영상 업로드하고 바로 트래픽을 확보하면 기분이 좋겠죠?

대부분의 틱톡 크리에이터들은 오후 4~6시에 가장 업로드를 많이 합니다. 저녁 먹기 전, 이때가 많은 사람들이 스마트폰을 할 수 있는 최적의 시간이기 때문입니다. 오후 4~6시를 놓쳤어도 영상을 업로드하는 습관을 들이는 것이 좋습니다. 무엇이든 항상 꾸준히 하는 것이 가장 중요합니다.

▲ 저녁 먹기 전, 오후 4~6시 업로드　　　　▲ 잠들기 전, 밤 9시~12시 업로드

하지만 업로드 시간에 정답은 없습니다. 결국 채널과 콘텐츠에 따라 최적의 업로드 시간이 다를 수 있습니다. 자기 전에 볼만한 영상들은 밤 9~12시가 더 좋을 수도 있기 때문입니다 따라서 내 채널의 타깃 시청자와 관심사, 나이, 성별 등을 항상 고려해서 업로드하면 트래픽 향상에 많은 도움이 될 것입니다.

Oberlo.com에 따르면 틱톡에 영상을 업로드하기 좋은 시간과 요일이 있다고 합니다. 월, 화, 수의 경우 비슷한 시간대에 영상을 올리는 것이 좋고, 주말이 다가오는 목, 금의 경우 영상을 너무 늦지 않은 이른 저녁 시간에 업로드 하는 것을 추천합니다. 또 토요일은 사람들이 여유를 누리는 주말 아침이므로, 다른 요일에 비해 조금 늦은 오전 시간에 영상을 업로드하는 것을 권장합니다.

The Best Times to Post on TikTok Globally
In Eastern Standard Time (EST)

Monday	Tuesday	Wednesday	Thursday	Friday	Saturday	Sunday
	2:00 AM					
6:00 AM	4:00 AM	7:00 AM		5:00 AM		7:00 AM
10:00 AM	9:00 AM	8:00 AM	9:00 AM		11:00 AM	8:00 AM
			12:00 PM	1:00 PM		
				3:00 PM	7:00 PM	4:00 PM
			7:00 PM		8:00 PM	
10:00 PM		11:00 PM				

Oberlo

▲ 전 세계적으로 틱톡 업로드하기 가장 좋은 시간 그래프(출처 : oberlo.com)

02 채널 성장을 위한 데이터 분석법

1 영상 데이터 분석표 보는 방법

영상이 올라가고 24시간 정도 지나면 각 영상의 데이터 분석 지표를 확인할 수 있습니다.
데이터 분석표를 보는 방법에는 두 가지가 있습니다. 우선 영상 하단에 있는 '데이터 보기'를
탭하면 바로 분석표를 볼 수 있습니다. 또 다른 방법은 영상 오른쪽에 '•••'을 탭한 후 '분석'을
탭해도 분석표를 볼 수 있습니다.

방법 ❶

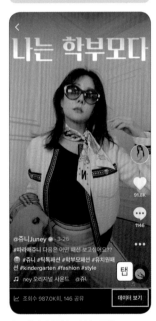

방법 ❷

▲ 데이터 분석표 보는 방법

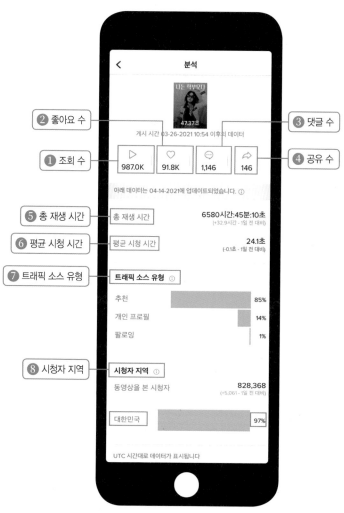

2 데이터 분석하기

틱톡 채널에 업로드한 각 영상마다 아래와 같은 분석표를 볼 수 있습니다.

② 좋아요 수

③ 댓글 수

① 조회 수

④ 공유 수

⑤ 총 재생 시간

⑥ 평균 시청 시간

⑦ 트래픽 소스 유형

⑧ 시청자 지역

▲ 데이터 분석표 화면

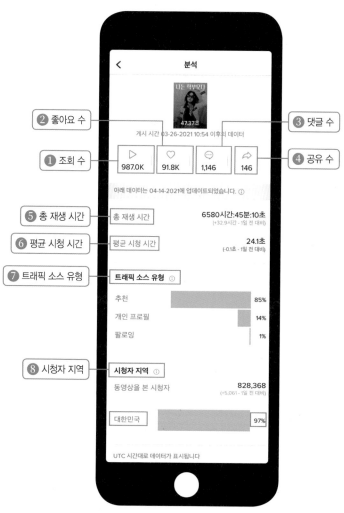

분석

게시 시간 03-26-2021 10:54 이후의 데이터

987.0K   91.8K   1,146   146

아래 데이터는 04-14-2021에 업데이트되었습니다. ⓘ

총 재생 시간   6580시간:45분:10초
(+32.9시간 - 1일 전 대비)

평균 시청 시간   24.1초
(-0.1초 - 1일 전 대비)

트래픽 소스 유형 ⓘ

추천   85%
개인 프로필   14%
팔로잉   1%

시청자 지역 ⓘ
동영상을 본 시청자   828,368
(+5,061 - 1일 전 대비)

대한민국   97%

UTC 시간대로 데이터가 표시됩니다

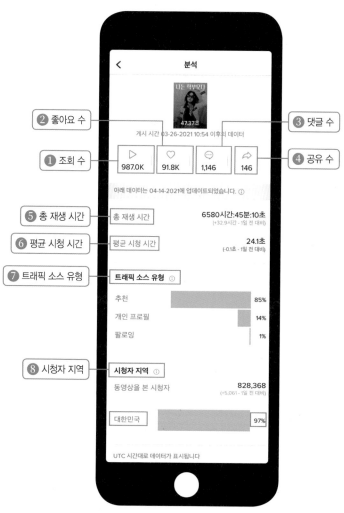

❶ **조회 수** : 동영상을 본 횟수를 나타냅니다.

❷ **좋아요 수** : 동영상을 보고 좋아요를 누른 횟수를 나타냅니다.

❸ **댓글 수** : 동영상에 댓글을 단 전체 수를 말합니다.

❹ **공유 수** : 이 동영상을 보고 다른 SNS에 공유한 횟수를 말합니다.

❺ **총 재생 시간** : 동영상을 시청한 총 시간을 말합니다.

❻ **평균 시청 시간** : 우선 해당 영상의 총 길이는 47.37초인데, 평균 시청 시간은 24.1초입니다. 틱톡에서 47.37초 영상은 사실 매우 긴 편인데 사람들이 50% 이상을 시청했으므로 꽤 오랫동안 추천 페이지를 넘기지 않고 시청했다는 증거입니다. 그만큼 볼만한 영상이라는 지표라고 할 수 있습니다.

Tip

틱톡포비즈니스(TikTok For Business)에 따르면 1명당 1틱톡 영상에 머무는 평균 시간은 3.33초라고 하니 쥬니 영상에서 머무는 시간은 꽤 긴 편인 것 같습니다.
분석표의 '평균 시청 시간'을 통해 콘텐츠의 결을 이대로 해야 할지, 아니면 개선해야 할지 알 수 있습니다.

❼ **트래픽 소스 유형** : 트래픽 소스 유형은 크게 3가지로 분류되는데 추천 페이지에서 영상을 본 사람, 개인 프로필에 들어와서 영상을 본 사람인지 그리고 팔로잉해서 영상을 본 사람인지 확인할 수 있습니다. 조회 수 높은 영상들은 대부분 추천 비중이 높습니다. 그만큼 추천 페이지에 영상이 잘 걸리고 새로운 유저들에게도 영상이 잘 노출되고 있다는 뜻입니다.

❽ **시청자 지역** : 시청자 지역 분석을 통해 어느 나라에서 나의 영상을 시청했는지 알 수 있습니다.

아래 영상은 ElyOtto의 Sugar Crash라는 음원을 사용한 메이크업 영상입니다. 총 영상 길이
는 10.59초이고, 평균 시청 시간은 8.4초입니다. 80% 이상을 시청한 셈입니다. 짧은 영상일수
록 평균 시청 시간이 더 길 수밖에 없습니다. 또 3십 3만뷰 중 조회 수의 44%가 대한민국 지
역에서 트래픽이 발생했고, 13%가 미얀마(버마), 8%가 사우디아라비아입니다. 시청자 지
역에 따라 내 팬층이 어느 나라에 쌓이는지 확인할 수 있습니다.

▲ 'ElyOtto의 Sugar Crash' 영상의 데이터

아래 영상은 쥬니의 오리지널 사운드가 아니라 음원을 활용한 영상입니다. 4천 3백 7십만 뷰 중 베트남 시청자가 24%로 1위, 인도네시아가 18%로 2위, 태국이 10%로 3위, 그리고 대한민국이 8%로 4위입니다. 조회 수는 많이 나왔지만 계속 이런 영상을 만든다면 우리나라보다는 베트남, 인도네시아, 태국 등 동남아시아에서 영상 트래픽이 많아질 가능성이 높고, 그러다 보면 우리나라 팬층보다는 동남아시아 팬층이 더 생길 수 있습니다.

▲ 음원을 활용한 영상의 데이터

자신이 생각하는 타깃이 동남 아시아라면 계속 이 결의 콘텐츠로 가는 것이 맞겠지만 저 같은 경우 국내 활동을 목표로 채널을 운영 하기 때문에 해외 트래픽이 유입되는 음원은 사용하지 않습니다(예전에는 많이 했으나 지금은 거의 안 합니다).

만약 해외 광고를 겨냥한다면 해외 트래픽이 유입되는 음원을 사용해도 상관없습니다.
또 광고가 들어왔을 때 광고주들도 분석표를 요청해 광고주들이 타깃으로 하는 시청자들이 보고 있 는지 확인하기 때문에 무조건 조회 수만 잘 나오는 영상을 촬영하기보다는 타깃에 맞는 영상을 제작하는 것을 추천합니다. 만약 의도하지 않는 나라에서 자꾸 시청률이 올라간다면 영상 콘텐츠 재정비가 필요할 수도 있습니다.

실제로 5백만 혹은 1천만 팔로워를 보유한 채널들도 트래픽이 너무 해외로 퍼져 있어 광고가 성사되지 않는 경우들이 많습니다. 10만 명을 보유해도 알짜배기 찐팬을 보유하는 콘텐츠를 만드는 것이 더 중요하다는 점을 꼭 잊지 말기 바랍니다.

03 개인 정보 설정하기

1 개인 정보 설정 툴 알아보기

개인 정보는 크리에이터에게도 중요합니다. 개인 정보 유출을 방지하기 위한 툴을 알아보겠습니다.

우선 프로필 오른쪽 상단의 '⋯'을 탭하면 [설정 및 개인 정보] 창이 나타납니다. 이 창의 계정 카테고리에 있는 '개인정보'를 탭하면 [개인 정보] 창이 나타나고 설정을 변경할 수 있습니다.

▲ 개인 정보 설정을 위한 정보 창 열기

2 비공개 계정

비공개 계정 설정 방법

비공개 계정 버튼을 왼쪽으로 드래그하면 계정이 비공개로 전환됩니다. 비공개 계정이 되면 내가 사용을 수락한 친구 외에는 나의 동영상을 볼 수 없게 되고, 새로운 사용자 유입이 불가합니다. 내 채널의 목적을 잘 고려해서 설정하면 됩니다.

▲ 비공개 계정 설정

3 개인 정보의 안전 기능 알아보기

내 틱톡 채널의 개인 정보를 안전하게 관리하기 위해 알아두어야 할 기능들을 설명합니다.

▲ 안전기능 메뉴

❶ 다운로드

다운로드를 활성화하면 다른 사람들도 내 영상을 다운로드받을 수 있습니다. 해당 영상을 꾹 누르면 아래와 같이 안내 메뉴가 올라오며, '동영상 저장'을 탭하면 내 사진에 영상이 저장됩니다. 해당 영상을 꾹 눌러도 '동영상 저장'이 안 보인다면 다운로드 기능이 꺼져 있는 것입니다.

▲ 동영상 저장 기능

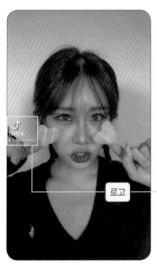
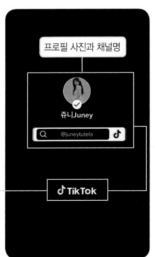

다운로드받은 모든 틱톡 영상에는 틱톡 로고가 찍혀 있고, 영상 끝에는 해당 영상 프로필 사진과 채널명이 새겨집니다.

▲ 다운받은 동영상

저작권 보호를 위해 로고가 붙어 있기 때문에 다운로드한 사람이 재업로드하거나 다른 용도로 사용해도 본인 영상이 아니라는 것을 알 수 있습니다. 하지만 다운로드를 원하지 않으면 꺼놓을 수도 있습니다.

▲ 다운로드 '끔'으로 설정

❷ 댓글

누가 내 동영상에 댓글을 달 수 있을지 설정할 수 있습니다. '모두', '친구', '아무도 없음'의 3가지 설정이 가능합니다. '모두'는 말 그대로 모두가 댓글을 달 수 있고, '친구'는 맞팔로우하는 팔로워들만 댓글을 달 수 있습니다. '아무도 없음'은 댓글 기능이 꺼진 것입니다.

저처럼 '모두'로 설정하면 불특정 다수로부터 댓글이 달리기 때문에 간혹 불쾌한 댓글도 달릴 수 있습니다. 불쾌한 댓글에 바로 대처할 수 있으면 좋겠지만 어느 땐 아예 모르고 넘어갈 수 있기 때문에 이를 방지하기 위해 댓글 필터를 미리 설정할 수 있습니다. 모든 댓글에 필터링을 한다면 댓글이 개시되기 전에 사용자가 승인을 해야 합니다. 스팸 및 불쾌한 댓글 필터링은 틱톡이 자동으로 합니다.

필터링된 댓글은 영상 댓글 제일 하단에서 확인할 수 있고, 승인 혹은 삭제할 수 있습니다. 대부분 자동 필터링된 댓글들은 큰 문제가 없는 댓글들이 많았습니다. 동일한 댓글을 복사해 붙여넣기를 한 경우나 욕설 등은 필터링됩니다. 댓글 관리의 '필터링된 댓글 검토'에서 필터링된 모든 댓글을 확인할 수 있습니다.

▲ 댓글 필터 설정

댓글 필터에선 '키워드 필터링' 기능도 사용할 수 있습니다. 반복적으로 자주 달리는 스팸 혹은 불쾌한 단어들을 키워드에 추가하면 자동으로 필터링됩니다.

▲ 필터링된 댓글 검토

③, ④ 듀엣과 이어찍기

▲ 듀엣과 이어찍기 설정

내 동영상으로 듀엣과 이어찍기를 할 수 있는 대상도 설정할 수 있습니다. 이 기능을 활성화 시키면 내 영상이 바이럴되는 데 도움이 됩니다. 하지만 누군가 나쁜 의도로 사용을 한다면 내가 원본 영상을 삭제해도 듀엣 혹은 이어찍기를 해서 만들어진 영상은 삭제가 되지 않으니 신중하게 고 민할 필요가 있습니다.

❺ 좋아요

내가 "좋아요"를 표시한 동영상은 내 프로필 중간에 있는 하트 모양을 탭하면 볼 수 있는데, 이를 모두가 볼 수 있게 혹은 나만 볼 수 있게 설정할 수 있습니다. 개인 보호를 위해 나만으로 설정하는 것을 추천합니다.

▲ '모두' 설정한 화면   ▲ '나'만 설정한 화면

❻ 다이렉트 메시지

하단의 알림을 탭하면 오른쪽 상단 코너에 비행기 종이 모양의 아이콘이 나타납니다. 여기서 내가 메시지를 주고받을 수 있는 대상을 정할 수 있는데, 저는 맞팔로우가 돼 있는 친구들과 메시지를 주고받을 수 있게 설정해 뒀습니다. 초반에는 잘 몰라서 모두로 했더니 모르는 분들로부터도 메시지가 너무 많이 왔고, 모르는 그룹 메시지에도 초대돼 있었습니다.

▲ 다이렉트 메시지 설정

❼ 차단된 계정

안전 기능에는 차단된 계정 아이디를 모아놓을 수 있는 탭도 있습니다. 이 탭을 통해 평상시에 자기가 차단시킨 계정 아이디 리스트를 볼 수 있습니다.

▲ 차단된 계정 설정

특정 영상에 개인 정보 보호 설정하기

앞에서 틱톡 채널에 전체적으로 적용되는 설정들을 설명했는데, 특정 영상 1개에도 '개인 정보 보호 설정'을 할 수 있습니다. 해당 영상 오른쪽 하단의 '•••'을 탭하면 '개인 정보 보호 설정'으로 들어가서 설정할 수 있습니다. 각 동영상을 시청할 수 있는 사람도 설정할 수 있고, 댓글 허용, 듀엣 허용, 그리고 이어찍기 허용 여부도 설정할 수 있습니다.

STEP 1	STEP 2	STEP 3

 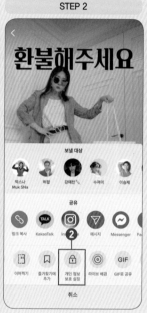 

▲ 특정 영상에 개인 정보 설정

♪ TikTok

04 악플 대응 방법 3가지

① 악플 캡처하기(댓글 및 아이디)

크리에이터는 악플을 피해갈 수 없습니다. 제 틱톡 채널에도 아주 가끔 악플이 달립니다. 다행히 좋게 봐주시는 분들이 훨씬 더 많지만 수백 개, 수천 개의 댓글 중 악플은 너무나도 눈에 잘 띕니다. 크리에이터를 수년간 하다 보니 나름 면역도 생기긴 했지만 터무니 없는 악플들은 여전히 상처가 됩니다. 요즘엔 욕설보다는 인신공격적인 악플들이 많기 때문에 단어 필터링을 하기도 애매합니다.

이런 악플에 대응하려면, 먼저 댓글과 해당 댓글을 작성한 사람의 프로필을 캡처합니다. 당장은 필요 없더라도 증거를 수집해 놓아야 합니다. 기분 나쁘다고 바로 삭제하면 증거가 없어지기 때문에 이성적으로 판단해 우선 캡처를 합니다. 선을 넘는 허위사실 유포와 명예훼손에 해당하는 댓글들은 법적 대응을 할 필요가 있습니다.

② 신고 및 차단하기

하지만 틱톡에 댓글만 신고하면 나에게는 댓글이 보이지 않지만 다른 사람들에게는 여전히 댓글이 보입니다. 그렇기 때문에 해당 댓글보다는 계정을 신고한 후 영상에 달린 댓글을 삭제하면 더 이상 댓글이 아무에게도 보이지 않습니다.

댓글 신고 방법은 먼저 해당 악플을 꾹 누르면 '신고' 설정을 할 수 있는 화면이 나타납니다. 댓글 내용에 따라 신고 이유를 설정하면 됩니다.
해당 계정 신고 방법은 악플을 단 해당 계정 프로필에 들어가 오른쪽 상단의 '⋯'을 탭하면 해당 계정을 바로 신고하고 차단할 수 있습니다.

▲ 댓글 신고 및 이유 설정

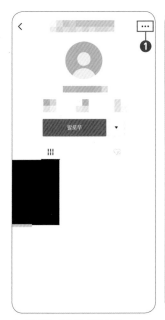

▲ 악플러 계정 신고 및 차단

악플러들의 심리는 정말 다양합니다. 그냥 싫어서 악플을 다는 사람이 있는 반면에 관심을 받고 싶어서 다는 사람도 있습니다. 그런 경우 간혹 팬인 척, 위로하는 척 허위사실을 교묘하게 섞어서 진짜인 것처럼 댓글을 답니다. 틱톡커의 관심을 끌기 위한 일종의 전략인 것 같습니다.

이때 과하게 대응을 해도 안되지만 따끔하게 응대할 필요는 있습니다. 자칫 허위 댓글을 보고 진짜로 믿는 분들도 있기 때문입니다. 이런 악플러들에게 "허위사실 유포 및 명예훼손"에 대해 설명을 하면 99.99999%는 본인 댓글을 바로 삭제합니다.
부디 감정을 자제하고 이성적으로 악플에 응대하기 바랍니다. 대개 악플은 화면 뒤에서 익명을 악용해 생각 없다는 경우가 많습니다. 악플에 의기소침해져서 콘텐츠를 만드는 데 자신감을 잃거나 위축될 필요가 없습니다. 악플도 관심이라고 하지만 그런 관심은 너무 불편하다고 생각합니다.

하지만 악플 중에 크리에이터를 성장시키는 성장통 같은 악플도 존재합니다. 따라서 내 영상의 실제 잘못된 내용을 지적해 주는 악플인지 자가 점검이 필요할 때도 있기 때문에 지혜롭게 판단하기 바랍니다.

05 타 크리에이터 존중하기

1 참고한 크리에이터 아이디 넣어주기

틱톡의 트렌드 영상들을 보다 보면 누가 언제 시작했는지 알기 힘든 경우가 많습니다. 그런 경우엔 사실 누구를 태그해야 할지 모르기 때문에 챌린지의 해시태그만 넣을 수밖에 없습니다. 하지만 누가 봐도 카피한 영상들은 시청자들도 알기 때문에 악플이 달릴 가능성이 높습니다. 다른 영상을 카피할 경우 다음과 같이 참고 아이디를 언급해 주면 됩니다. 춤의 경우 Dc (Dance Credit, 댄스 만든 사람 언급)로 기재하고, 아이디어의 경우 ib(Inspired by, ~에 의해 영감을 받음)로 아이디와 함께 캡션 혹은 댓글에 짧게 넣어주면 좋습니다.

예 **dc** : @jayrrronesny **ib** : @alexdwong

 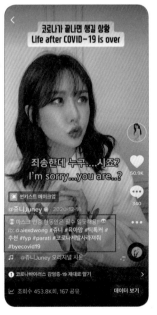

▲ 캡션에 DC, ib를 넣어준 예

2 #juneytutela를 넣어준 크리에이터

타 크리에이터의 창작물을 참고해 내 영상을 만들 때는 참고한 크리에이터의 아이디를 넣어줘야 합니다. 제 영상 중에 "우울할 땐 소수 한병 쎈걸루"라는 영상이 있는데, 이 영상을 참고해서 꼰야님이 본인의 영상을 만들어 올렸습니다. 꼰야님은 그 영상에 제 아이디를 함께 넣어주었습니다.

이것은 다른 크리에이터의 창작물을 존중한다는 의미이며, 보다 건전한 틱톡 문화를 만드는 데 큰 도움이 될 것입니다. 다른 사람들이 내 아이디어를 출처도 밝히지 않고 마치 자기 아이디어인 것처럼 사용한다면 어떤 기분일지 생각해 보면 출처를 밝히는 것이 얼마나 중요한 일인지 느낄 수 있을 것입니다.

듀엣과 이어찍기는 새로운 영상을 만들기 위해서는 사용할 수 있지만 한 단체 혹은 회사의 광고성 영상을 만드는 데 사용한다면 많은 사람들의 눈살을 찌푸리게 할 수 있습니다. 이 점을 반드시 유념해야 합니다.

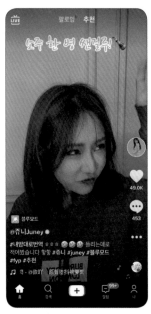 

▲ 쥬니 영상이 타 꼰야 채널에 언급된 예

06 여보세요, 소속사라고요?

틱톡 채널을 열심히 키우다 보면 DM(Direct Messages)으로 종종 러브콜이 올 때가 있습니다. 이때 믿을 만한 회사인지 아닌지 잘 보고 선택해야 합니다. 우선 틱톡에서 가장 핫한 틱톡 MCN 회사는 'Tiktoker's Chart'의 MCN 부분에서 확인할 수 있습니다. 쥬니가 소속돼 있는 샌드박스도 순위에 있습니다. 하지만 엄청나게 많은 MCN 회사들이 존재하지만 모두 차트에 올라와 있지 않기 때문에 검증하기 어려울 수도 있습니다. 계약 전에 반드시 웹 검색도 해보고 어떤 회사인지 미리 알아 볼 필요가 있습니다.

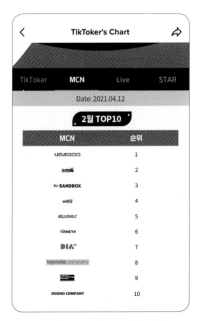

▲ Tiktoker's Chart의 MCN 회사 순위

소속사를 고를 경우 본인과 스타일이 맞는지 파악하는 것이 중요합니다. 소속사마다 스타일과 방향이 다르기 때문에 본인이 활동하고자 하는 스타일이나 방향과 맞는지, 업무 방식은 어떤지 충분한 대화를 통해서 파악한 뒤 계약을 진행하기 바랍니다.

PART 06

광고비 0원으로
틱톡에서 홍보하기

틱톡으로 1인 브랜드 채널을 만들어 홍보 효과를 얻고 있는 예를 알아본 후에 중국과 우리나라의 라이브 커머스 시장을 살펴봅니다. 주목받고 있는 국내 라이브 커머스 시장에 진입하기 위해 어떻게 준비할지 알아보고 쥬니의 라이브 커머스 영상과 틱톡에서 홍보 영상을 만드는 노하우를 살펴봅니다.

♪ TikTok

01 광고비 0원으로 내 사업 홍보하기

1 광고비 0원으로 홍보가 가능한 이유

많은 분들이 틱톡을 활용해서 수익을 창출할 수 있었던 이유는 유튜브와 달리 크리에이터들이 안정적으로 돈을 벌 수 있는 구조를 틱톡에서 만들어줬다는 데 있습니다.

대부분의 SNS 플랫폼들에서는 일부 영향력 있는 크리에이터들만 광고 수익을 얻을 수 있고 광고주들에게 의존해야 하는 구조입니다. 하지만 틱톡의 경우 크리에이터는 물론 개인 숍 혹은 회사를 운영하는 분들도 짧은 틱톡 영상을 올려 무료로 홍보 효과를 얻을 수 있습니다. 유튜브와 다르게 누구나 어디서든 스마트폰만으로도 내 홍보 영상을 만들 수 있기 때문이죠.

틱톡은 이미 미국, 영국 등에서 매달 시청 시간이 유튜브를 능가했습니다. 이는 중국뿐만 아니라 다른 영미권에서도 이미 MZ 세대를 중심으로 인기가 계속 높아지고 있다는 이야기입니다. 우리나라의 경우 아직은 유튜브가 우세지만 틱톡이 2020년에는 2배의 성장세를 보였고 인기 다운로드 앱으로 1위를 유지하고 있습니다.

우리나라는 유튜브의 인기 추세도 영미권의 트렌드를 따라갔듯이, 틱톡도 비슷한 양상을 보일 것이라 예상됩니다. 때문에 지금이 틱톡을 시작하기 가장 좋은 시기가 아닌가 싶습니다.

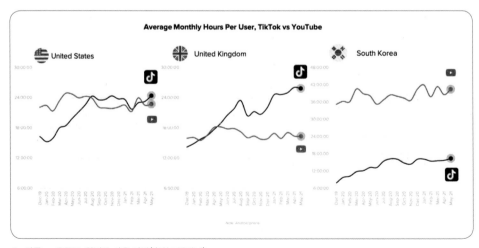

▲ 틱톡 vs 유튜브, 월평균 사용 시간(출처 : 앱애니)

이를 대비해서 빨리 틱톡 채널을 키우고 자발적으로 레퍼런스 영상을 만들면서 감을 익히는 것이 중요합니다. 사람들은 어쨌든 눈에 많이 보여야 관심을 가지고 구매하게 될 것입니다. 이때 틱톡 프로필을 적극 활용하여 프로필 소개란에 나의 서비스 또는 쇼핑몰을 짧고 간략하게 효율적으로 소개하는 것이 중요합니다. 또한 웹사이트 링크를 꼭 같이 넣어서 바로 구매 사이트로 들어갈 수 있게 유도해야 합니다.

② 1인 브랜드 채널 소개

채널을 만들 때부터 채널의 정체성을 브랜드 홍보 또는 회사 홍보로 정할 수 있습니다. 틱톡 영상을 통해 사람들에게 유익한 전문지식과 정보를 알려준다면 사업장의 홍보는 자연스럽게 될 것입니다.

저도 실제로 틱톡을 보면서 옷과 액세서리를 구매한 적이 있습니다. 사람들은 마음에 드는 것을 발견하면 구매하기 때문에, 사람들의 구매 욕구를 충족시킬 수 있도록 틱톡 영상을 만들어 여러분의 서비스 혹은 쇼핑몰 등을 홍보하길 바랍니다. 마이페이지에 프로필 링크를 게재해 활용하는 거도 잊지 마세요.

다음은 해외와 국내에서 본인의 사업장과 연관된 채널을 성공적으로 운영하고 있는 채널을 소개합니다.

블러싱비비슬라임 채널(@blushingbb_slimes)

블러싱비비슬라임 채널은 예쁜 토핑이 있는 디자인의 슬라임을 소리와 함께 담아 섞이는 모습을 보여주는 채널입니다. 크리에이터가 슬라임을 계속 만지는 모습을 보다 보면 나도 만지고 싶은 욕구가 생깁니다. 이는 구매로 이어질 확률이 높습니다. 이 채널은 실제 슬라임 판매를 목적으로 하는 틱톡 채널입니다. 미국에서 전 세계로 배송도 가능합니다.

> **Tip**
>
> 블러싱비비슬라임 채널의 팔로워는 78만 8천 1백 명인데, 이 숫자는 매우 중요한 의미가 있습니다. 슬라임을 보여주고 판매한다는 채널의 정체성이 확고하기 때문에 슬라임에 관심 있는 사람만 78만 8천 1백 명이라는 뜻입니다. 잠재적인 고객이란 뜻이기 때문에 영상을 보다가 언젠가는 구매할 수도 있습니다.

1cm 도화지 채널(@lizzys_nail_art)

1cm 도화지라고 불리는 네일아트를 하는 네일아티스트의 채널입니다. 미국 마이애미에서 실제 네일숍을 운영하면서 독특하고 트렌디한 네일을 관리부터 아트까지 하는 모습을 담은 채널입니다. 틱톡을 활용해서 자신의 네일숍을 홍보하고 더 나아가서 프로필 링크를 활용해 젤네일 키트를 판매합니다.

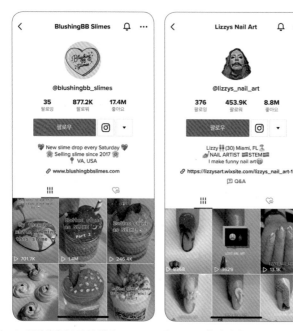

▲ 블러싱비비슬라임 채널　　　▲ 1cm 도화지 채널

강남 허준 박용환 채널(@drharang)

강남 허준 박용환 채널은 이름만 들어도 직업이 의사라는 것을 알 수 있습니다. 실제 강남에 하랑 한의원을 운영하고 있는 한의사입니다. 이 채널에서는 일반인들도 쉽게 영상을 보고 생활에 적용할 수 있는 의학 지식을 쉽고 재미있게 설명합니다.

예를 들어 각종 질병에 좋은 혈자리와 몸에 좋은 간단한 운동법을 올려줍니다. 이런 정보전달은 많은 분들에게 유익한 정보를 주기 때문에 팔로우를 하고 계속 시청하게 됩니다. 그러다 보니 자연스럽게 한의원도 홍보되고 있습니다.

빌사남 채널(@builsanam1)

빌사남은 '빌딩과 사랑에 빠진 남자'의 약자인데, 이 채널의 운영자인 빌사남은 부동산 전문가로 빌딩 중계 회사를 운영하고 있습니다. 빌딩 중에서도 꼬마빌딩을 전문적으로 중계하며 투자 컨설팅과 가이드도 해줍니다. 빌딩이라고 하면 나와 멀게 느껴질 수도 있지만 빌딩에 대해 재미있게 설명해주고 부가적으로 공인중개사 관련 꿀팁들도 설명해줍니다. 이런 정보들을 소개하면서 회사 홍보도 자연스럽게 이뤄지고 있습니다.

▲ 강남 허준 박용환 채널

▲ 빌사남 채널

02 라이브 커머스 준비하기

1 중국은 지금, 라이브 커머스 시대

2020년 하반기부터 가장 핫한 키워드가 라이브 커머스가 아닐까 싶습니다. 중국에서 라이브 커머스 시장을 이끌고 있는 3대 플랫폼 중 하나가 중국 틱톡(더우인)입니다. 더우인 라이브 커머스는 콘텐츠로 먼저 사람들을 모으고, 그 시장에 커머스 기능을 붙인 것입니다.

라이브 커머스의 가장 큰 장점은 방송 진행자와 소비자의 상호 소통이 가능하다는 점입니다. 실제 제품을 사용해 본 진행자는 더 생생하게 제품 정보를 생방송으로 보여주고 소비자들은 궁금한 점을 실시간으로 물어볼 수 있습니다. 라이브 커머스 시장은 온라인 실시간 소통에 익숙한 MZ 세대를 주요 타깃으로 삼고 있습니다. 하지만 생활에 편리함을 주면서 점점 연령대가 확대되는 추세입니다.

실제 중국의 경우 라이브 커머스를 통해 상품을 구매하는 사람이 전체 전자상거래 이용자의 66.2%를 차지하고 있습니다. 2021년에도 중국 전체 라이브 커머스 산업 규모는 1조 2,012억 위안에 달할 것으로 예상된다고 합니다.

중국에서는 온라인과 SNS 중심으로 활동을 하는 유명 인플루언서를 왕홍이라고 부릅니다. 중국 라이브 커머스로 가장 큰 성공을 거두고 있는 왕홍은 웨이야와 리자치인데, 두 명 다 화장품 판매로 시작해 현재는 다양한 상품을 판매하고 있습니다.

웨이야는 틱톡이 아닌 타 플랫폼의 라이브 커머스에서 4천만 명의 팔로워를 보유하고 있으며 2020년 하반기에만 225억 위안(약 3조 8000익원) 이상의 매출을 기록했다고 합니다.

2020년 8월 16일엔 샤오미 회장이 직접 중국 틱톡 더우인에서 첫 라이브 커머스 방송을 진행하자 방송 누적 시청자는 7477만3천3백 명에 달했으며 매출액은 2억1천만 위안(약 359억 원)을 돌파했다고 합니다. 중국 틱톡 더우인 라이브 사상 최고 매출액을 찍어 화제가 됐습니다.

이렇게 틱톡은 현재 중국에서 숏클립 콘텐츠 플랫폼으로 시작해서 지금은 온라인 커머스의 강자로 자리매김을 하고 있습니다.

② 주목받는 국내 라이브 커머스 시장

우리나라도 코로나 시대에 접어들면서 경기 침체로 새롭게 주목받는 시장이 바로 라이브 커머스라고 할 수 있습니다. 소비자는 시간과 장소에 제약 없이 언제 어디서나 쇼핑을 할 수 있습니다. 저도 국내 라이브 커머스 시장이 점점 커질 것이라 확신하기 때문에 라이브커머스 시장에 뛰어들게 됐습니다.

저는 카카오에서 가장 방송을 많이 진행하고 있으며 네이버, 쿠팡, 인터파크에서도 종종 방송을 진행하고 있습니다.

> **Tip**
>
> 아직 국내 틱톡에서는 라이브 커머스 기능이 없지만 카카오, 네이버, 쿠팡, 배달의민족, 그립, 티켓몬스터, 11번가, 인터파크 등 여러 플랫폼에서 라이브 커머스가 활성화되고 있습니다.

▲ 쿠팡 쇼핑 라이브 영상

▲ 카카오 쇼핑 라이브 영상

국내 라이브 커머스 시장이 급성장하면서 방송은 나날이 화려해지고 있습니다. 건강기능식품, 육아용품, 주방용품뿐만 아니라 명품 가방, 옷 심지어 자동차까지 선공개하는 채널도 등장했습니다. 또 전문 쇼호스트가 아니어도 누구나 쇼호스트가 될 수 있어서 진입장벽이 낮아지는 추세입니다. 촬영 장소도 다양해 실내 스튜디오에서부터 백화점, 플래그십 스토어(주력/대표 매장), 야외 등 다양한 장소에서 콘셉트를 잡고 방송합니다.

3 라이브 커머스 홍보 영상 만들기

저의 첫 라이브 커머스 방송은 네이버의 샌드박스 계정인 쎈라이브에서 진행을 했는데 방송 전날, 틱톡에 제가 방송할 제품 소개와 방송 날짜와 시간을 공지하는 영상을 만들어 업로드했습니다. 틱톡을 통해 선공개한 덕분에 방송 종료 전에 제품이 완판되어 버렸습니다.

▲ 라이브 쇼핑을 공지한 틱톡 홍보 영상　　　　　　　▲ 쎈라이브 쇼핑 라이브 영상

라이브 커머스 홍보 영상을 제작할 때는 제품에 대한 궁금증을 유발하기 위해 어떤 제품인지 간단히 보여주고 방송 날짜와 시간을 눈에 잘 보이도록 편집하여 제작합니다. 영상 업로드는 2-3일 전보다 방송 전날 올리는 것이 사람들이 잘 기억할 것이라 생각해 24시간 정도 전에 업로드를 합니다. 또 평소 틱톡 채널에서 다루는 콘텐츠의 카테고리와 결을 잘 맞춰주는 것도 중요합니다.

▲ 정수기 판매 예고 틱톡 홍보 영상   ▲ 래핑카우 방송 전 틱톡 홍보 영상

아직 국내 틱톡에는 라이브 커머스 기능이 적용되지 않았지만 프로필에 제품 구매 링크를 걸어 놓고 방송을 진행하면 시청자는 판매자의 프로필에서 링크로 들어가 구매할 수 있습니다. 라이브 방송 진행 도중 프로필 링크로 이동해 구매해야 하는 번거로움이 있지만, 빠르게 성장하는 라이브 커머스 시장 흐름에 따라 틱톡 코리아에서도 머지않아 라이브 커머스 기능이 생기지 않을까 기대해 봅니다.

INDEX